A ARTE DA GUERRA NOS ESPORTES E NA VIDA

JERRY LYNCH
com a colaboração de CHUNGLIANG AL HUANG

A ARTE DA GUERRA NOS ESPORTES E NA VIDA

Lições de Sun-Tzu e da Sabedoria Taoísta sobre
Liderança
Estratégia
Como ser um Campeão

Tradução
CARMEN FISCHER

EDITORA PENSAMENTO
São Paulo

Título original: The Way of the Champion.

Copyright © 2006 Jerry Lynch e Chungliang Al Huang.

Todos os direitos reservados. Nenhuma parte deste livro pode ser reproduzida ou usada de qualquer forma ou por qualquer meio, eletrônico ou mecânico, inclusive fotocópias, gravações ou sistema de armazenamento em banco de dados, sem permissão por escrito, exceto nos casos de trechos curtos citados em resenhas críticas ou artigos de revistas.

A Editora Pensamento-Cultrix Ltda. não se responsabiliza por eventuais mudanças ocorridas nos endereços convencionais ou eletrônicos citados neste livro.

.

Dados Internacionais de Catalogação na Publicação (CIP)
(Câmara Brasileira do Livro, SP, Brasil)

Lynch, Jerry
     A arte da guerra nos esportes e na vida : lições de Sun-Tzu e da sabedoria taoísta sobre liderança, estratégia, como ser um campeão / Jerry Lynch ; tradução Carmen Fischer. -- São Paulo : Pensamento, 2008.

     Título original: The way of the champion : lessons from Sun Tzu's : the art of war and other Tao wisdom for sports & life.
     ISBN 978-85-315-1519-4

     1. Atletas - Atitudes 2. Atletas - Psicologia 3. Esportes - Aspectos psicológicos 4. Sun-Tzu, séc. 6 A.C. Arte da Guerra - Crítica e interpretação I. Título.

07-10211   CDD-796.01

Índices para catálogo sistemático:
1. Arte da Guerra : Sun-Tzu : Aplicação aos atletas e aos esportes 796.01

O primeiro número à esquerda indica a edição, ou reedição, desta obra. A primeira dezena à direita indica o ano em que esta edição, ou reedição, foi publicada.

Edição	Ano
1-2-3-4-5-6-7-8-9-10-11	08-09-10-11-12-13-14-15

Direitos de tradução para o Brasil
adquiridos com exclusividade pela
EDITORA PENSAMENTO-CULTRIX LTDA.
Rua Dr. Mário Vicente, 368 — 04270-000 — São Paulo, SP
Fone: 6166-9000 — Fax: 6166-9008
E-mail: pensamento@cultrix.com.br
http://www.pensamento-cultrix.com.br
que se reserva a propriedade literária desta tradução.

SUMÁRIO

INTRODUÇÃO:

Um Espírito de Campeão com o Coração de um Vencedor 7

PARTE I. O CAMINHO DA AUTOCONSCIÊNCIA

Capítulo 1. Lições de Autoconhecimento 21

Capítulo 2. Lições de Propósito e Visão 38

Capítulo 3. Lições de Conhecimento do Adversário 52

PARTE II. O CAMINHO DA POSTURA ESTRATÉGICA

Capítulo 4. Lições sobre a Arte de Enganar 61

Capítulo 5. Lições de Controle Emocional 69

Capítulo 6. Lições de Prontidão 84

PARTE III. O CAMINHO DA VANTAGEM COMPETITIVA

Capítulo 7. Lições de Aceitação da Adversidade 99

Capítulo 8. Lições sobre as Virtudes do Campeão 117

Capítulo 9. Lições sobre os Contrários 132

PARTE IV. O CAMINHO DA UNIÃO ENTRE EQUIPE E LIDERANÇA

Capítulo 10. Lições de Harmonia Grupal 151

Capítulo 11. Lições de Abnegação 164

Capítulo 12. Lições de Liderança Consciente 175

EPÍLOGO

Confiar no Processo 193

INTRODUÇÃO

Um Espírito de Campeão com o Coração de um Vencedor

Então quer dizer que você gostaria de se tornar um campeão. Seguindo o conselho do ator Robert De Niro, "Deixe isso para lá". Não é possível, não acontece. Dito isso, eu sei que agora conquistei sua atenção. Como você pode ver, campeão não é algo em que você possa se tornar... jamais. Mas algo que começa agora, com o compromisso de colocar em prática os hábitos e atitudes de campeão, de escolher assumir um estilo de vida que demonstre na prática essas qualidades e características diariamente e de maneira consistente. Esse "modo de ser" é o que, nas palavras de Joseph Campbell, define a "jornada do herói" – uma odisséia de autodescoberta feita de altos e baixos, ganhos e perdas, na qual a pessoa se dedica a explorar as fronteiras ilimitadas do seu pleno potencial humano, seja nos esportes ou na vida. Nessa jornada, o verdadeiro campeão terá que se perguntar: esta jornada é feita com amor, paixão e coragem? Se a resposta for positiva, o sucesso será uma conseqüência lógica. Se não, ela só poderá levar à dor e ao fracasso.

Os campeões são lutadores destemidos e guerreiros valentes. Nos tempos antigos, os guerreiros eram corajosos, determinados, visionários,

A ARTE DA GUERRA NOS ESPORTES E NA VIDA

modestos, apaixonados e totalmente abnegados, trabalhando pelo bem maior da sua tribo ou comunidade. Eram "atletas" de espírito indomável e vontade férrea que, por acreditarem em si mesmos, sabiam que tudo era possível. Esses guerreiros zen eram especialistas em derrotar o adversário quando o verdadeiro combate tinha menos a ver com as circunstâncias externas do que com os embates que se travavam no interior deles mesmos. Eles eram adversários impetuosos que lutavam contra os seus próprios medos, frustrações, cansaços e dúvidas, e as recompensas que obtinham de uma vitória como essa eram profundamente pessoais e gratificantes. O sucesso sempre advinha das suas vitórias interiores.

Embora sejam necessárias certas aptidões físicas para que alguém se destaque nos esportes, existem também "atitudes" e qualidades que distinguem o campeão do quase campeão – um conjunto de características internas intangíveis que eu costumo chamar de "garra de campeão". Um exemplo ilustre dessas características é o corredor de grandes distâncias Keith Foreman, a quem o treinador de uma agremiação mundialmente famosa de clubes universitários disse não possuir "a garra necessária" para competir nessa categoria – que ele simplesmente não estava à altura. Com as atitudes campeãs de coragem, firmeza, determinação e perseverança, Keith persistiu e acabou se tornando o quinto corredor americano de todos os Estados Unidos a quebrar a barreira dos 1.600 metros em quatro minutos. Para mim, Keith é o exemplo vivo do processo que eu chamo de Caminho do Campeão... empenhado de coração e espírito. Ele representou, sem nenhuma dúvida, a quintessência do guerreiro.

Assim como a experiência de Keith, um estudioso suíço de aerodinâmica certa vez demonstrou por meio de cálculos que as mamangabas eram incapazes de voar. Mas, apesar de não ter a "aptidão necessária" para voar, parece que elas são campeãs em aviação. Como essas criaturas, todos trazemos dentro de nós dons e potenciais não-utilizados que,

INTRODUÇÃO

uma vez acessados e desenvolvidos com o devido treinamento e orientação, podem nos tornar capazes de "voar" em qualquer arena da nossa escolha.

Outro exemplo é o do lendário cavalo de corridas Seabiscuit, que segundo especialistas não havia nascido para ser estrela. Ele não tinha nenhuma das marcas tradicionais nas orelhas que identificam os cavalos realmente extraordinários, mas corria com o coração, e por isso tornou-se um grande campeão. Um dado interessante do mundo das corridas de cavalos é o fato de que só os cavalos campeões são considerados merecedores de uma cerimônia formal de sepultamento. O coração e a cabeça são enterrados, mas o corpo é descartado, pois as pessoas intimamente relacionadas com o animal sabem que ele se tornou campeão por demonstrar coragem (da palavra francesa *coeur*, que significa coração), tenacidade, destemor e resistência à dor, qualidades do verdadeiro guerreiro. Também entre os seres humanos, são o coração e a cabeça que fazem um campeão.

Em conseqüência de uma vitória apertada do seu time sobre a Universidade de Notre Dame pelo 15º campeonato de futebol da NCAA (a associação dos atletas universitários americanos), Anson Dorrance, diretor técnico do Tarheels da Universidade da Carolina do Norte, disse: "Só se pode vencer esses jogos com o coração, e nós passamos quatro anos treinando esse músculo". O cantor e compositor Michael Bolton lembra que "ver além da glória é o mais difícil, pois a força do campeão é medida pelo coração".

É importante lembrar que a participação em competições esportivas não é pré-requisito para o ingresso na esfera dos campeões. Na verdade, a maioria dos que adotam o estilo de vida de um campeão escolhe outros campos de atuação para demonstrar essas qualidades. Por exemplo, a minha esposa, Jan, é uma verdadeira campeã em todos os aspectos da vi-

A ARTE DA GUERRA NOS ESPORTES E NA VIDA

da. Jamais vou esquecer a dedicação, o sacrifício, a perseverança, a firmeza, a determinação e a coragem que demonstrou durante o parto dos nossos filhos. Eu achava que as dores horríveis que eu sentia durante uma competição do tipo maratona eram intensas – mas só até presenciar os seus esforços corajosos durante os trabalhos de parto. O seu preparo e treinamento para enfrentar essas situações não eram diferentes do foco de todos os grandes campeões. Sua essência de campeão atua igualmente nas suas atividades como médica, corredora e mãe de quatro filhos ativos e desafiadores. Como todos os campeões, ela se esforça para obter resultados positivos, sem deixar de desfrutar do processo. A vida dela é um exemplo daquilo que eu chamo de "O Caminho do Campeão".

Essa atitude de campeão nos esportes e em outras áreas da vida exige alta auto-estima, autoconhecimento, integridade e capacidade de correr riscos para progredir enquanto se usa a derrota como guia no caminho da autodescoberta. Enquanto atletas e empreendedores prestam atenção em tudo quando acham que é necessário, o campeão presta atenção em tudo o tempo todo. Os campeões concentram-se no preparo e desempenho constantes e sabem que todos os resultados e efeitos são conseqüências naturais do compromisso com uma intensa e profunda ética de trabalho. Nas palavras do filósofo grego Aristóteles, "nós somos o que nos propomos fazer com dedicação". Os campeões acreditam em si mesmos e têm a firme disposição de fazer o que for preciso para realizar o que desejam. Eles fracassam, mas, diferentemente dos não-campeões, aceitam os reveses como resultados naturais e inevitáveis da participação em competições – tanto nos esportes como em todas as outras áreas da vida. Eles são obstinados, destemidos, audaciosos, orgulhosos, e confiam na capacidade de atuar desse modo, tanto na vitória como na derrota. É claro que eles querem estar no placar de vencedores ou conseguir aquele contrato nos negócios, e farão tudo o que for necessá-

INTRODUÇÃO

rio para conquistar essa vitória. Mas eles sabem que esse sucesso nunca é garantido e que, se ele ocorre, é normalmente resultado das suas conquistas interiores. Os campeões se distinguem de todos os outros pela disposição com que encaram o sacrifício e o sofrimento e por fazer tudo o que os outros não fazem.

Os campeões consideram os esportes e a vida em geral como um foro onde podem usar os seus adversários como parceiros. A palavra "competidor" vem do latim e sua raiz significa "buscar juntos". Quando um adversário à altura dá tudo de si, em meio a uma situação ou evento competitivo, você aprende a ir mais fundo e buscar reservas que nem imaginava possuir. O seu adversário proporciona a você a oportunidade única de aprender importantes lições em um período curto de tempo. Esse conhecimento pessoal do que é vencer, assim como o conhecimento das qualidades e características próprias, permite que você viva como um campeão tanto nos esportes como na vida. O modo de enfrentar os desafios esportivos determina o modo de enfrentar os obstáculos na sua vida pessoal.

Os campeões percebem claramente a diferença entre o que podem e o que não podem controlar em um evento ou uma situação da vida, e escolhem focalizar os aspectos controláveis. Os efeitos ou resultados não podem ser controlados; em função disso, a pessoa pode querer fazer tentativas e isso resultar em tensão, ansiedade e stress. Existem, no entanto, alguns elementos na competição que podem ser controlados, como preparação, atitude, emoções, ritmo de trabalho, empenho e mais algumas "coisinhas" (Ver "Pequeno é Grande" no Capítulo 9) que podem ajudar você a relaxar, manter a calma e manter um foco com concentração. Saber que você pode controlar esses aspectos do seu jogo aumenta a confiança e, como sabemos, uma atitude de calma e confiança o ajuda a manter consistentemente o desempenho em níveis mais elevados.

A ARTE DA GUERRA NOS ESPORTES E NA VIDA

É importante notar, porém, que mesmo controlando todos esses aspectos do desempenho, não existe nenhuma garantia de que o resultado será a seu favor, mas permitirá que você faça o melhor possível e obtenha grande satisfação nesse processo. Para o campeão, a vitória é portanto definida como a capacidade de demonstrar o seu melhor com mais consistência, uma vez que conseguiu vencer os demônios internos já mencionados. Vencer, para o campeão, torna-se uma experiência multidimensional de vitória interior, na qual ele demonstra uma grandeza pessoal que, espera-se, também venha trazer resultados favoráveis.

Pensar na vitória dessa maneira exige treino. Você consegue isso por meio de mudanças sutis no coração e na mente. Este livro irá ajudá-lo a desenvolver essas aptidões. Para auxiliar nas duas mudanças mencionadas, eu utilizo *A Arte da Guerra*, o clássico livro chinês de dois mil anos escrito pelo estrategista Sun-Tzu, além de outros livros antigos da sabedoria taoísta, como o *I Ching* e o *Tao Te Ching*. Esses livros apresentam os princípios para o desenvolvimento da força mental, da liderança consciente e da vitória estratégica, visando a uma experiência mais satisfatória e gratificante do que a tradicional vitória exterior. Esses princípios, especialmente os direcionados para a vitória, têm sido usados por lutadores de artes marciais, grandes guerreiros, treinadores, generais e diretores-presidentes bem-sucedidos de corporações multinacionais. São as maneiras universais, ou o modo natural das coisas... o *Tao*... usando estratégias, postura tática, superioridade competitiva e autoconhecimento com base nas leis da natureza. Eu tenho aplicado com êxito os ensinamentos de Sun-Tzu e outros ensinamentos taoístas em todo o meu trabalho com atletas e pessoas em diversos campos de atuação. O que mais se começa a entender quando se coloca em prática esse Tao, ou mudança de paradigma, é o quanto evidentes e naturais se tornam a oportunidade de crescimento e o aperfeiçoamento pessoal quando se conhece a

INTRODUÇÃO

grandeza própria e a do coletivo. Eis aqui um modo de percorrer a jornada de potenciais infinitos. O verdadeiro campeão, além de todas as virtudes já mencionadas, tem o que eu chamo de "Coração de Vencedor".

É importante entender que existem muitos campeões reconhecidos entre os círculos de atletas e outros profissionais que não aceitam a filosofia do processo que chamei de O Caminho do Campeão. E existem, também, muitos outros que vivem de acordo com os princípios aqui expostos, sem que nunca tenham sido reconhecidos como campeões. A diferença entre os dois grupos parece estar no fato de que, vivendo O Caminho do Campeão, você tem a certeza de que irá descobrir sua grandeza... que é capaz de alcançar níveis extraordinários de desempenho pessoal. E, nesse processo de desenvolvimento, você aumenta também a probabilidade de chegar ao pódio. Esse "caminho" é uma escolha e você detém o poder para escolher ser um campeão ou uma pessoa comum.

Eu conheço esse processo porque trabalhei com milhares de valorosos campeões de primeira classe da NBA (Associação Norte-americana de Basquete), da NFL (Liga Norte-americana de Futebol), da PGA (Associação dos Profissionais de Golfe) e campeões olímpicos, bem como com diretores-presidentes de empresas e profissionais de todas as áreas. Nos últimos dezessete anos publiquei oito livros sobre Tao e desempenho, e trabalhei com alguns dos maiores atletas e times das universidades de Duke, Stanford, Maryland, Missouri, Colorado, Iowa, do Estado de Ohio, Colúmbia, Califórnia e muitas outras. Durante esse tempo, trabalhei com 38 times que foram para as quartas-de-final e venceram dezoito campeonatos nacionais. Aprendi mais com essa experiência do que tenho ensinado.

Além disso, obtive vitórias pessoais em numerosas competições esportivas, como de basquete, beisebol, corrida em pista, corrida *cross-country* (corrida por bosques, campos e trilhas), ciclismo, corrida de lon-

A ARTE DA GUERRA NOS ESPORTES E NA VIDA

go percurso, tênis e raquetebol. Como treinador, atleta de categoria nacional, psicólogo esportivo, professor e autor, além de pai de vários filhos atletas, eu vejo a filosofia apresentada neste livro presente em todos os aspectos da minha vida.

Se você quer que o seu desempenho passe para um nível mais elevado, o que eu aprendi vai ajudá-lo a descobrir o enorme potencial que existe dentro de você. O que sei é que o processo de se transformar em campeão envolve, sobretudo, coragem. Embora o campeão considere o jogo um campo de batalha contra o adversário ou o relógio, ele é também a arena de uma batalha interior contra demônios como o medo, a fadiga, a frustração, o fracasso e a insegurança. Essas batalhas interiores são travadas com as armas da coragem, ou, como eu prefiro chamar, com a "garra dos campeões", o conjunto de qualidades apropriadas. Nesse sentido, ser campeão é a prática espiritual de acessar e adotar as qualidades apropriadas, ou virtudes sagradas como coragem, firmeza, compaixão, compromisso, paciência, perseverança, paixão, integridade, responsabilidade, respeito e auto-sacrifício. Pela aprendizagem e aplicação das qualidades apropriadas e pela assimilação das lições dos campeões e da sabedoria do Tao, você vai viver a vida com a garra e o espírito de um campeão e se tornar um verdadeiro vencedor em todos os aspectos do jogo da vida.

A Arte da Guerra nos Esportes e na Vida apresenta lições consagradas claras, concisas e práticas para se agir como um campeão. Por exemplo, a batalha pessoal para terminar um grande projeto de trabalho, preparar uma refeição para 25 pessoas ou completar uma corrida de quarenta quilômetros pode parecer descomunal. No 32º quilômetro de uma maratona eu achei que não ia mais conseguir continuar, que era demais para mim. Essa sensação é tão intensa para alguns corredores que a simples idéia de correr mais oito quilômetros parece no mínimo problemática. Mas, prosseguindo só por mais dois quilômetros e em seguida re-

| 14

INTRODUÇÃO

petindo a façanha por mais algumas vezes, aprende-se a antiga lição: quando se divide uma meta aparentemente intransponível em pequenos segmentos mais palatáveis, pode-se alcançá-la. Como engolir um elefante? Um pedacinho de cada vez!

Esse ensinamento do Tao, uma vez assimilado, torna-se facilmente aplicável a todas as dificuldades da vida e pode ajudar a realizar feitos extraordinários em todos os campos de atuação. As lições do Tao, por meio dos esportes, vão ajudar você a descobrir que muito da vida está em coisas extremamente pequenas. O livro de Andrew Cooper *Playing in the Zone* nos diz que "o esporte é um *container* onde as paixões são canalizadas e as virtudes cultivadas". O esporte é uma atividade espiritual que pode nos enriquecer, despertando em todos nós uma consciência mais elevada do nosso ser interior, o verdadeiro vencedor.

Este livro propõe uma abordagem única, criativa e profundamente espiritual do que são poder da mente, capacidade de liderança e vitória, e o ajudará a colocar a sua mente e o seu coração num estado sereno e tranqüilo de autoconfiança. Ele enfatiza um processo de pensamento e ao mesmo tempo de confiança no seu ser intuitivo – processo esse que está basicamente em concordância com o preceito zen de "fazer a coisa certa". Você irá aprender como alcançar o desempenho máximo, tanto individualmente quanto em equipe, removendo as barreiras e neutralizando o impacto dos obstáculos no caminho do sucesso, sejam esses obstáculos internos, induzidos pelas circunstâncias externas ou colocados por outros atletas, times ou relacionamentos pessoais que interferem na sua vida cotidiana. De acordo com Sun-Tzu, os melhores desempenhos são alcançados não apenas pelo conhecimento de todos os movimentos certos, mas também pelo conhecimento do momento de agir e de não agir.

COMO TIRAR O MÁXIMO PROVEITO DESTE LIVRO

O antigo tratado de Sun-Tzu, *A Arte da Guerra,* divide a vitória em quatro componentes principais: Autoconsciência, Postura Estratégica, Vantagem Competitiva e União entre Liderança e Equipe. Como você pode
notar, eu também dividi o livro em quatro partes. No início de cada uma
dessas partes principais, o meu parceiro, mentor e amigo Chungliang Al
Huang irá contemplá-lo com um dos seus lindos trabalhos artísticos que
captam a essência e a mensagem contida em cada parte específica. Em
seguida você poderá ler uma citação importante da obra de Sun-Tzu ou
de outros textos taoístas, que dará o tom dos capítulos que compõem essa parte específica. Cada uma das quatro partes está dividida em três capítulos, cada um deles contendo lições pragmáticas que envolvem estratégias, táticas, citações, lendas, anedotas e pérolas extraídas dos meus
anos de trabalho com atletas e outros profissionais, com o intuito de ajudá-lo a transformar a competição, o confronto e o conflito em verdadeira arte. Secundariamente, essa estrutura lembra a das quatro estações e
dos doze meses do ano. Na cultura chinesa, o ciclo das quatro estações
representa uma experiência completa, indicando as mudanças duradouras em hábitos e relacionamentos. Dê a você mesmo este ano para criar
mudanças e estabelecer novos hábitos e relacionamentos nos esportes e
na vida. Ao longo do ano, volte a ler este livro em busca de inspiração e
apoio para sua jornada.

No final de cada um dos doze capítulos você encontrará um resumo
das lições mais importantes a serem assimiladas, em forma de afirmações
simples e práticas. Essas "pedras de toque" podem ser transcritas sepa-
radamente em fichas, para serem usadas durante o dia ou a semana como lembretes e orientações para você se manter no curso. Você pode escolher todas ou apenas aquelas que saltam da página diretamente para

INTRODUÇÃO

os seus olhos. Todos os meus clientes utilizam esse método para se manter na direção certa, consultando as fichas em diferentes situações, como na troca de posição na quadra de tênis, entre o buraco e a bola no campo de golfe, no intervalo de uma partida de basquete, no momento que antecede uma competição em salto de pára-quedas, à espera na linha de largada antes de uma corrida ou simplesmente à espera de um ônibus, avião ou trem. Você pode também usar essas afirmações antes de uma importante reunião de negócios, de falar com os seus filhos que se comportaram mal e como recursos auxiliares para mudar padrões e atitudes pessoais improdutivos ou hábitos diários.

Além dessas afirmações, cada capítulo traz duas ou mais perguntas cujas respostas irão guiá-lo no prosseguimento da jornada de uma maneira estimulante e integrativa. Essas "PERGUNTAS SOBRE A JORNADA" envolvem reflexão, meditação e auto-análise, ajudando assim você a ter contato com os aspectos espirituais mais profundos de si mesmo e da sua jornada. Assim como as afirmações, as respostas a essas questões profundas podem ser anotadas em fichas individuais e usadas como indicadores do que você precisa fazer para levar adiante o processo.

O meu objetivo com esses exercícios apresentados no final de cada capítulo é que sirvam de aperitivo para o espírito do atleta ou do indivíduo no sentido de estimulá-lo a aumentar as lentes da sua percepção, focalizando as possibilidades de se tornar não o melhor, mas o melhor possível. Fazendo isso, você ganha mais dinamismo e sente mais alegria, liberdade e profundidade tanto nos esportes como na vida. Você começa a atuar em um nível mais elevado e a ter mais sucesso em todas as atividades da sua vida.

Eu recomendo veementemente que você não leia o livro inteiro de uma só vez. Sugiro que primeiro examine o sumário e veja quais tópicos lhe interessam mais. Abra então o livro nessa parte e "trabalhe-a" lentamente. Assimile-a aos poucos, experimente praticar os exercícios, responda às perguntas, adote ou adapte a afirmação que achar apropriada. A maioria de nós leva uma vida atribulada que dificulta a leitura de um livro inteiro. Quando eu leio um livro deste tipo, quero ir diretamente ao ponto, aprender, fechar o livro e colocar os seus ensinamentos em prática. Talvez você também seja assim. Seja você atleta, empregado de uma corporação ou chefe de família, eu sei que pode encontrar tempo para ler este livro dessa maneira – talvez cinco ou dez minutos todos os dias antes de dormir. Dê-se tempo para assimilar o seu conteúdo. Pouco a pouco, passo a passo, ele será totalmente assimilado.

Pela prática e cultivo dos princípios deste livro em bases sólidas, você desenvolverá hábitos positivos e aumentará as chances de atuar em níveis mais satisfatórios. Pela familiaridade e fortalecimento dessa atitude de campeão, pela consideração das possibilidades e práticas dessas atitudes, preceitos, virtudes e lições, você automaticamente estará colocando-se em condições de realizar os seus potenciais.

Eu estou pronto... e você? Se você também está, vamos iniciar a jornada, desenvolver a "garra dos campeões" e descobrir como você pode atuar e vencer como os atletas, profissionais, trabalhadores, pais e pessoas altamente competentes que alcançaram o sucesso nos esportes e na vida. Este livro estará sempre à disposição para ajudá-lo a ter mais alegria, satisfação e liberdade em qualquer jogo que você escolha jogar.

PARTE

O CAMINHO DA AUTOCONSCIÊNCIA

Quem conhece tão bem a si mesmo quanto ao seu adversário jamais está em perigo. Quem conhece a si mesmo mas não conhece o adversário tem apenas metade da chance de vencer. E quem não conhece nem a si mesmo nem ao outro está na posição de perdedor.

Sun-Tzu

O adágio "conhecer é poder" não poderia ser mais apropriado para abrir a primeira parte deste livro. O conhecimento de si mesmo e dos outros é absolutamente imprescindível para o ingresso em qualquer arena competitiva. Os campeões conhecem as próprias forças e fraquezas tão bem quanto as dos seus adversários. Eles sabem de onde vêm sua motivação e inspiração; conhecem o seu verdadeiro propósito e têm uma visão clara do seu objetivo; eles sabem que tarefas e processos são necessários para alcançar o seu melhor desempenho. Com essa consciência, eles estão em plenas condições de alcançar e manter o sucesso nos esportes e na vida. Os capítulos seguintes irão mostrar a você como os campeões adquirem uma visão mais completa de si mesmos e dos adversários para se colocarem em condições de triunfar dentro e fora das quadras.

Capítulo 1

Lições de Autoconhecimento

Cercar-se das pessoas certas em ambientes saudáveis. Isso exige coragem, compaixão, força, determinação, desejo e uma visão própria de si mesmo e das suas aspirações. Não há necessidade de falar aos outros sobre o seu propósito... basta estabelecer um plano e colocá-lo em prática.

Sun-Tzu

O autoconhecimento é o verdadeiro segredo, a arma mais poderosa do campeão. O conhecimento do campo, do seu plano de ação e dos seus adversários é necessário, mas terá que vir acompanhado do autoconhecimento – uma avaliação precisa de quem você é e de quais são seus níveis de aptidão física, mental, espiritual e emocional. O campeão tem coragem para fazer um inventário preciso dos seus desafios, bloqueios, obstáculos e medos pessoais, bem como para determinar onde terá de se esforçar mais para superar as suas limitações. Conhecer o seu eu verdadeiro também é uma salvaguarda para não se subestimar e dar ao adversário mais crédito do que o necessário. Você não vai querer dar permissão aos seus adversários para que o façam se sentir inferior. Seja irredutível com seus talentos, sua resistência, forças e coragem; aja em cada momento de maneira a demonstrar, com orgulho, quem você é e suas qualidades como competidor. Aja com absoluta integridade. Confie nessa sabedoria interior e use-a; se não fizer isso, o medo e a incerteza se instalarão. Não comprometa essa integridade; lembre-se de que é suficientemente capaz e que merece ser o melhor possível. Sem desconsiderar qualquer outro competidor, lembre-se de que você tem valor, algo muito importante a contribuir, e comece a mostrar todas as suas virtudes como atleta. Essa certeza provém do conhecimento de quem você é. As lições seguintes irão ajudar a identificar e desenvolver as características que o definem, assim como ajudá-lo a atuar consistentemente com o máximo de integridade.

AUTO-ACEITAÇÃO

Tudo começa aqui. O campeão revela sabedoria ao reconhecer as suas próprias falhas e fraquezas, admitindo-as e aceitando-as abertamente. Essa é a forma mais genuína de respeito para consigo mesmo. O verdadeiro campeão sabe que é perfeitamente natural ter falhas e incertezas; ele aceita o pacote completo, porém trabalha para mudar e ir além dessas limitações. É importante lembrar que muitas árvores nodosas e deformadas têm uma vida longa e feliz por serem consideradas inúteis para o construtor de casas.

O que eu venho notando em todos os campos de atuação, e particularmente entre os atletas, é que a relação deles com o jogo no campo, na quadra, na arena ou na sala de reuniões da diretoria é um espelho ou reflexo perfeito da relação que eles têm consigo mesmos. Quando eles aceitam quem são e fazem o que é necessário para superar as próprias limitações, parecem atuar consistentemente nos seus níveis máximos de desempenho. A maioria dos problemas que surgem no desempenho das suas funções está diretamente relacionada à sua incapacidade ou relutância em se aceitar e se amar como são. Se você não se aceita, se nega

LIÇÕES DE AUTOCONHECIMENTO

ou luta contra quem você é, as chances de mudança ou de crescimento ficam imensamente reduzidas. Quem se aceita e se ama está mais apto a fazer o que é necessário para melhorar o seu desempenho nos esportes e na vida cotidiana.

Eu aprendi com os campeões que a aceitação de si mesmo leva ao desenvolvimento de uma auto-imagem e uma auto-sugestão mais positiva, ou seja, ao desenvolvimento de imagens e palavras que definem claramente seus aspectos positivos e criam uma visão do que é possível. Para isso, é preciso que você enfrente os obstáculos, substituindo-os por padrões e atitudes que facilitem o seu desenvolvimento como atleta e como pessoa. Quando a relação com você mesmo estiver funcionando, sua vida esportiva e pessoal também estará.

Certa vez um atleta extraordinário veio me dizer: "Eu não quero fazer isso, mas os treinadores vivem me dizendo para praticar levantamento de peso três vezes por semana para ficar mais forte". E eu disse a ele: "Se você praticar levantamento de peso para ficar mais forte, acabará desistindo. Pratique levantamento de peso para investir em você mesmo e na sua equipe. Faça isso por amor a si mesmo, e então você será bem-sucedido". Aplique esse raciocínio para desenvolver o hábito de se alimentar bem ou para se livrar de vícios que prejudicam o seu corpo, como o álcool e as drogas. Quem ama a si mesmo é menos autodestrutivo. A auto-aceitação e a auto-estima tornam a mudança possível. Você pára de investir energia para justificar as suas falhas e fraquezas; e usa-a para reconhecê-las e procurar superá-las. Repita muitas vezes para você mesmo: "Eu aceito inteiramente quem eu sou e escolho conscientemente modos de mudar o que posso mudar e abrir mão do que não posso". Em seguida, use as partes seguintes deste capítulo como instrumentos auxiliares para realizar as mudanças necessárias.

23 |

A ARTE DA GUERRA NOS ESPORTES E NA VIDA

ESCREVENDO A MINHA PRÓPRIA HISTÓRIA

A lição a ser aprendida com os campeões é ignorar tudo o que se diz a seu respeito, bem como do seu desempenho, das suas capacidades e atitudes. O campeão escreve sua própria história e trata de fazer tudo para torná-la verdadeira.

Eu tomei contato pela primeira vez com essa idéia quando trabalhava com a equipe feminina de lacrosse*, da Universidade de Maryland. Nós havíamos vencido seis campeonatos nacionais consecutivos e a mídia e os nossos adversários estavam espalhando histórias do tipo: "É hora de algum outro time vencer; elas não podem repetir essa façanha; já não são mais tão fortes; perderam para o time A e nós vencemos o time A, portanto vamos vencê-las". As notícias criadas por outros servem para aumentar a tensão e o suspense. Os jornais e revistas precisam de notícias para vender. Para elevar o seu nível de consciência, eu disse às atletas que os campeões de fato escrevem as suas próprias histórias e, em seguida, passam a vivê-las. Como preparativo para as quartas-de-final do campeonato nacional que ocorreria no fim de semana seguinte, eu pedi a cada atleta que escrevesse uma notícia de dois parágrafos dando seqüência à seguinte introdução: "A equipe campeã feminina de lacrosse da Universidade de Maryland chegou ao local de decisão do campeonato de 2001 no Estádio Johns Hopkins e... (completar com afirmações positivas fortes que corroborem sua importância)".

Quando todas as atletas concluíram a tarefa, nós formamos um círculo e cada uma delas leu o que havia escrito para as outras. Seus escri-

---

* Lacrosse é um jogo de equipe em que os jogadores apanham, transportam e passam uma bola em uma rede, chamada *crosse*, colocada na ponta de uma vara. As regras do jogo masculino (dez por equipe) e feminino (doze por equipe) diferem um pouco, mas o objetivo é o mesmo: marcar gols. O esporte foi criado nos Estados Unidos no século XVIII com base em um jogo indígena, o *baggataway*.

| 24

tos foram simplesmente fenomenais. As palavras bem escolhidas inspiraram cada atleta a apresentar-se com intensidade, coragem, destemor e disposição para demonstrar como o time era bom para toda a comunidade de lacrosse. Focamos a atenção em nós mesmos e não em todos os comentários espalhafatosos e impróprios e na energia dos outros. O desempenho da equipe no campo refletiu as histórias que seus membros criaram com o coração, e garantiu-lhe a vitória durante a prorrogação, dando-lhe pela sétima vez consecutiva o título de campeão nacional.

Bem, você não faz parte da equipe de lacrosse de Maryland, mas eu aprendi com essas campeãs que existem muitas notícias negativas que todos nós passamos adiante, baseadas tanto em mensagens externas como também internas. Quando as suas histórias são negativas e contraproducentes com respeito aos seus propósitos e missão nos esportes ou na vida, descarte-as, escrevendo uma que incentive, confirme e encoraje um impulso positivo que o faça avançar na sua jornada de campeão. Isso se faz escrevendo sobre você mesmo, no próximo período de seis a doze meses, colocando as suas verdadeiras qualidades positivas no cenário dos seus sonhos, tanto para sua carreira no atletismo quanto para sua vida pessoal. Por exemplo, comece respondendo às seguintes perguntas: quais são os resultados relevantes que eu ofereço à equipe, à arena, ao ambiente de trabalho ou à família? Quais são os não-relevantes? As respostas darão uma pista sobre você mesmo. Em seguida, considere as metas e escreva como se elas já tivessem sido alcançadas. Você pode tomar as recorrentes histórias negativas e mudá-las para que correspondam mais a quem você é e ao que deseja. Qualquer que seja a história, comece-a da seguinte forma: "Eu (escreva o seu nome aqui) estou na jornada dos campeões a partir de agora (data). Enquanto estiver nela, estarei a serviço da totalidade do meu ser – corpo, mente e espírito – das seguintes maneiras: (passe então a detalhar um pouco o que vo-

A ARTE DA GUERRA NOS ESPORTES E NA VIDA

cê faz no seu dia-a-dia e relacione seus resultados em termos esportivos e pessoais)". Feito isso, passe a afirmar algumas das virtudes e qualidades positivas que você tem e que tornam tudo isso possível. Diga, por exemplo: "Eu posso realizar tudo isso porque sou (preencha com as qualidades) um atleta". Empregue adjetivos que envolvam um pouco de esforço, como corajoso, consciencioso, comprometido, destemido, persistente, valente e obstinado (ver a lição seguinte: "Autodefinição").

Concluída a história – de mais ou menos uma página –, coloque-a em lugares nos quais você possa lê-la diariamente. Passe-a para uma ficha e leia-a enquanto estiver à espera do metrô, avião, ônibus ou de um amigo atrasado. Sua vida é um reflexo das histórias que você conta. Seja um bom contador de histórias.

AUTODEFINIÇÃO

A maioria de nós se subestima. Quando alguém lhe pede para se descrever, você provavelmente escolhe palavras que caracterizam uma pessoa apagada e sem consciência de si mesma. Por receio de ser considerada presunçosa, egoísta e egocêntrica, a maioria das pessoas opta pela segurança. A verdade é sempre mais interessante e positiva do que a primeira avaliação.

Barbara Israel, uma cliente minha, é uma autora e mulher de negócios inteligente e talentosa, além de aspirante a jogadora de golfe. Pedi a ela para escolher cinco ou mais palavras com as quais ela gostaria que as pessoas viessem a descrevê-la dali a um ano. Barbara escolheu os adjetivos "alegre, inteligente, carismática, diligente e determinada", entre outros. Essas são excelentes qualidades, embora sejam um tanto quanto cautelosas. Na verdade, elas descrevem quem ela já era, de maneira que não lhe impunham nenhum esforço. Eu disse que ela era muito mais e que gostaria que ela explorasse as possibilidades. Portanto, reformulei a questão e sugeri: "Pense nas pessoas que você admira, em particular as atletas, e relacione as qualidades e virtudes que você mais admira nelas e gostaria de desenvolver em você mesma. Pode ser pessoas que você conhece de perto ou das quais simplesmente ouviu falar por sua fama ou importância nas suas atividades esportivas ou profissionais". Tomando Annika Sorenstam, supostamente a melhor jogadora feminina de golfe, e o seu instrutor pessoal, John, como modelos, Barbara identificou os adjetivos "agressiva, calma, implacável, controlada, distanciada e preparada" como os com que ela gostaria de vir a ser descrita pelas pessoas dali a um ano. Eu disse a ela que quando vemos nos outros qualidades que apreciamos mas que parecem faltar em nós, na verdade elas já fazem parte da nossa natureza, só que continuam adormecidas até que nos dispomos a desenvolvê-las. Tirando proveito dessa psicologia do ser, eu fiz então a ela a pergunta mais importante: "Quais seriam os cinco ou seis atos ou atitudes no dia-a-dia que demonstrariam para as pessoas que você tem essas qualidades?" Quando ela apresentou a lista que fez, eu pedi a ela que fizesse duas coisas. A primeira era escrever uma afirmação contundente em uma ficha, como por exemplo: "Sou uma atleta agressiva e implacável, mas também calma". Ou: "É quando estou controlada, distanciada e preparada que jogo melhor golfe". A segunda era relacionar em outra ficha os atos e atitudes necessários para demonstrar essas qualidades, com uma avaliação diária de como estava se saindo. Esse é um exercício de prestação de contas e responsabilidade por si mesmo, que reforça, confirma e guia a jornada do campeão. Você, leitor, pode fazê-lo também. Saiba que no seu interior existe uma série de qualidades mais profundas e significativas, que só precisam ser descobertas e colocadas em prática. Logo as outras pessoas vão achar que você mudou, mas você estará simplesmente manifestando o que já era, sua própria essência.

A ARTE DA GUERRA NOS ESPORTES E NA VIDA

Você terá, no entanto, que "trabalhar" com afinco essas palavras no dia-a-dia. Depois de três semanas, a mudança ficará evidente. Barbara fez isso e as mudanças tornaram-se evidentes no seu jogo. As pessoas começaram a perceber sua mudança em uma semana. Ela nos ensina a importância da autodefinição para se alcançar níveis mais elevados de atuação. Descubra que há muito mais por baixo da superfície; desenvolva essas qualidades praticando-as.

AUTO-IMAGEM E AUTO-SUGESTÃO

No seu revelador e fascinante livro *My Losing Season,* o autor e ex-jogador de basquete de nível nacional Pat Conroy diz: "Temos que aprender a não dar atenção aos sons perniciosos da negatividade". Esses sons podem vir tanto dos outros que fazem parte da nossa vida como também da nossa própria voz interior alimentada pelas mensagens da sociedade. Essa auto-sugestão influencia profundamente a nossa auto-estima e a visão de nós mesmos, ou seja, a nossa auto-imagem. Eu aprendi isso com os campeões: por melhor que você se sinta consigo mesmo, os sons perniciosos penetram no seu sistema nervoso e determinam o caminho que você deve seguir, se você não interromper o seu curso com mensagens positivas contrárias. Os campeões sabem disso e dão os passos necessários para seguir em frente quando as imagens e palavras negativas tomam de assalto seus corações e mentes. Eles conseguem isso não afastando à força as imagens e palavras negativas, mas substituindo-as com palavras e frases positivas chamadas "afirmações" e com imagens que as sustentam.

LIÇÕES DE AUTOCONHECIMENTO

Você deve praticar uma disciplina implacável sobre seus padrões de pensamento. Cultive apenas atitudes que sejam produtivas (...) Você é o resultado de tudo que introduz no seu corpo e na sua mente.

I Ching

Em 1989, quando trabalhava com a equipe masculina de tênis de Santa Cruz, da Universidade da Califórnia, os atletas e eu criamos a afirmação "Straight Line in 89" [linha reta em 89] para nos manter nos trilhos. Vencemos o campeonato nacional naquele ano e aquelas palavras mantiveram os campeões focados durante toda a empreitada. Afirmações são frases curtas que refletem a verdade ou que têm o potencial para se tornar verdade no futuro. Elas direcionam a pessoa para as suas metas, atos e atitudes, lembrando-a de fazer aquilo que a coloca em condições de alcançar o seu melhor desempenho, independentemente do resultado. A equipe de Santa Cruz poderia ter perdido o campeonato, mesmo tendo praticado essa afirmação, mas por causa dela, a equipe se manteve focada nas atitudes corretas para maximizar as suas chances. As afirmações são para dar direção, não para iludir. Com elas, você chega mais perto de realizar seus desejos do que chegaria sem elas. Escolha as palavras do tópico anterior que definem você e crie sua própria afirmação. Lembre-se de que nos esportes, como em todas as áreas da vida, as palavras que você usa criam sua realidade. Sendo positivas, elas lhe darão poder para transformar a qualidade da sua existência.

As palavras que você usar devem ser positivas e as frases colocadas no tempo presente, como se o que você está dizendo já fosse verdade; as frases devem ser concisas e otimistas. Por exemplo: "Calmo e confiante, eu jogo bem". "Espero alcançar o sucesso, sou um dos melhores." (Sucesso significa obviamente o processo de execução do plano, não a

A ARTE DA GUERRA NOS ESPORTES E NA VIDA

vitória no placar.) "Eu tenho tudo de que preciso: sou bom o bastante." Uma vez que tenha escrito as suas afirmações, faça o que os campeões fazem: transcreva cada uma delas numa ficha, leve as fichas consigo nas viagens e leia-as várias vezes a cada dia. Ao fazer isso, imagine que a sensação que as palavras causam em você, ou a situação que elas descrevem, seja realmente verdadeira. Por exemplo, feche os olhos, respire profundamente e visualize o efeito real dessas palavras: "Eu sou um atleta forte, vibrante e saudável". Observe o que sente. Compare esse sentimento com o resultante da afirmação: "Eu sou uma pessoa fraca, fora de forma e impotente". O seu sistema nervoso sabe e sente a diferença.

Ao longo de todo este livro você encontrará afirmações que o ajudarão a assimilar melhor os conceitos apresentados nos diferentes capítulos. Pratique-as e sinta-se à vontade para criar as suas próprias afirmações a partir de qualquer uma das lições apresentadas. No seu livro *Human Options,* Norman Cousins recomenda com ênfase que a linguagem mais importante do nosso tempo "terá que ser uma linguagem capaz de despertar as grandes multidões antes para as possibilidades do que para as limitações da vida".

INSPIRAÇÃO PESSOAL

A inspiração é uma daquelas virtudes importantes que a maioria de nós deseja, mas muito poucos são capazes de encontrar nos momentos em que se faz necessária. Os treinadores podem incitar – "Animem-se!" ou "Joguem inspirados!" – e, mesmo assim, pode parecer que nada acontece se não houver uma pedra de toque ou ponto de referência.

Em primeiro lugar, é importante saber que, por definição, inspiração é algo que tem a ver com qualquer estímulo capaz de provocar um pensamento ou ato criativo. Estar inspirado pressupõe uma imediata respos-

LIÇÕES DE AUTOCONHECIMENTO

ta a um estímulo escrito ou dito, ou ainda a presença de uma pessoa ou objeto em particular que dê vida ou coragem à ação que está sendo executada. Estar inspirado ajuda a animar e motivar a pessoa na execução da tarefa desejada.

Os campeões costumam se inspirar com uma simples tomada de consciência. Eles podem pensar em uma canção, poema ou passagem de um livro – como a *Bíblia,* o *Alcorão* ou o *I Ching* – ou em um amigo, no pai ou na mãe, em um personagem de filme ou mesmo em alguém que não conhecem mas de quem ouviram falar, como o Dalai Lama. Você pode fazer o mesmo, escrevendo palavras, pensamentos ou idéias e colando-os na porta do seu armário ou levando-os consigo na sua bolsa de atleta. Se o objeto da sua inspiração for uma pessoa, basta uma foto dela. Para certos atletas, o desenho de uma tatuagem em um lugar apropriado pode constituir uma fonte de inspiração.

Quando estiver na quadra ou no campo, no vestiário ou na sala de reuniões, preparando-se para fazer uma apresentação a uma vasta audiência, ou simplesmente fora de campo, e sentir necessidade de recarregar as baterias e se envolver emocionalmente, recite as palavras, cante os versos ou visualize o rosto e a mensagem da pessoa que você admira e dedique seus esforços à fonte da sua inspiração.

Eu pessoalmente me inspiro em um homem de 84 anos que continua melhorando o seu desempenho no *Iron Man Triathlon* do Havaí. Eu me inspiro em Van Morrison, na sua voz e versos comoventes. Eu me inspiro em todos os atletas campeões que continuam me ensinando a diligência, a dedicação e a devoção a uma causa. Eu me inspiro na impressionante dádiva de beleza da natureza, quando estou em uma corrida de *mountain bike* no alto das *Sierras,* em uma agradável manhã de verão. Quem ou o que o inspira e de que maneira você pode ter acesso a essa fonte para o seu futuro desempenho?

DEDICAÇÃO A UM ESTILO DE VIDA

Todos os atletas dedicados e também outras pessoas têm sua inspiração, mas nem todos os atletas ou pessoas inspiradas se tornam dedicados. Dedicar-se é "permanecer no curso" em meio a tempestades de incertezas. Não se trata de disciplina nem de motivação. Algumas pessoas permanecem inspiradas por alguns minutos ou dias, motivadas por alguns dias ou meses, mas dedicadas por toda a vida. A dedicação é a devoção a um determinado caminho, neste caso ao estilo de vida do campeão, para fazer o melhor possível de si mesmo, descobrir o quanto pode ser capaz. A dedicação é um nível de comprometimento mais profundo, mais intenso e mais apaixonado. Ser dedicado é estar naquele espaço espiritual que aceita os fracassos, cansaço, reveses, erros, frustrações, sacrifícios e sofrimentos que fazem parte da jornada para se transformar no melhor possível. Para isso, é preciso ter fé, confiança e autoconfiança no processo, ter paciência e perseverança enquanto espera que hoje seja o dia em que você será tocado pelos deuses. Essa dedicação não segue nenhum plano, uma vez que nunca se sabe quando algo de novo vai acontecer: pode ser no próximo jogo ou no próximo ano. Os atletas e outros profissionais dedicados não medem o progresso em termos de distância ou velocidade; eles estão mais preocupados com a direção para a qual seus pés estão apontados. Ser dedicado (ou devotado, neste caso) significa ter uma determinada disposição para fazer tudo que for preciso para melhorar e se desenvolver – mesmo que, às vezes, não tenha vontade de fazê-lo.

Um atleta campeão dos tempos modernos, hoje aposentado, que tem as virtudes da dedicação e devoção é Cal Ripken Jr., duas vezes vencedor do prêmio de Melhor Jogador de Beisebol pela Liga Americana como o melhor *shortstop* (jogador que recebe a bola) do Baltimore Orioles. Ele é o recordista mundial em partidas jogadas consecutivamente, com um total de 2.632 jogos. Cal dedicou-se a fazer todo o possível para apresentar-se e ajudar o seu time. Derek Jeter, dos *Yankees*, tem a mesma devoção ao seu time. Tim Duncan, da equipe de basquete do *San Antonio Spurs*, é outro exemplo de dedicação.

Os campeões, eu tenho observado, sabem que estão sendo constantemente testados nos seus níveis de compromisso e dedicação. Eles entendem que o céu é o limite e demonstram uma devoção e um compromisso sem limites com aquilo que desejam profundamente alcançar. O compromisso é o principal fator que distingue aqueles que se destacam dos que não se destacam. O verdadeiro compromisso é a devoção a uma causa, ideal ou meta, que pode ser mais crucial para a pessoa do que viver ou morrer. Para testar o nível da sua dedicação e compromisso, pergunte a si mesmo: "Quais são as três coisas que estou disposto a praticar (no trabalho, em casa) a cada dia para provar a mim mesmo que encaro com seriedade o meu compromisso com o time, o trabalho, a família e com o meu aperfeiçoamento pessoal?". Eu costumo pedir às equipes que façam isso, registrem os resultados, com o nome de cada jogador, e os façam circular para que cada um possa ver o que os companheiros estão fazendo. Nós redigimos contratos, os assinamos e os usamos como instrumentos de prestação de contas das responsabilidades pessoais.

> *Enquanto a pessoa não estiver comprometida, pode haver hesitação e chance de voltar atrás (...) existe uma verdade elementar, cuja ignorância mata inúmeras idéias e planos maravilhosos: que no instante em que a pessoa se compromete, a providência também passa a agir. Começam a acontecer coisas que nunca teriam ocorrido para ajudar essa pessoa (...) incidentes, encontros e ajuda material que a pessoa jamais poderia ter imaginado virem a ela (...) Comece agora.*
>
> Goethe

De toda essa conversa sobre dedicação, é claro que não se deve negligenciar o "fator prazer". É fácil tornar-se sério demais. Mantenha-se no processo de obter as conquistas de um campeão. Continue criando uma base sólida de amor pelo seu esporte, a sua profissão e as suas autodescobertas. Os campeões amam o que fazem, e o prazer – talvez possa ser definido como a execução de um plano bem elaborado ou a simples realização de "pequenas coisas" – é um componente essencial de tudo isso.

SER PERFEITAMENTE IMPERFEITO

Nas palavras de Carl Jung, "a perfeição pertence aos deuses; o máximo a que podemos aspirar é excelência". Como sabemos, a perfeição é inalcançável. Se eu esperasse até conseguir ter as palavras absolutamente perfeitas para escrever este livro, você não o estaria lendo agora.

Dito isso, eu noto que muitos continuam buscando o impossível – o desempenho perfeito – e sentem-se frustrados e fracassados cada vez que falham. Tentamos forçar o que não dá para ser.

O que os campeões têm-me ensinado é que a perfeição é mais um padrão a ser perseguido do que um critério de medição do próprio valor. A meta do campeão é estabelecer qual é a perfeição na sua situação específica e, então, ver em que medida ele poderá se aproximar desse resultado, sabendo que se seu alvo for o sol e ele não alcançá-lo, ainda assim ele será uma das estrelas. Os campeões, eu descobri, recusam a autodestruição quando a perfeição não é atingida. Eles estão em sintonia com a sabedoria do Tao, que recomenda o abandono desse esforço inútil. O *Tao Te Ching*, o antigo livro do Caminho, sugere que busquemos a excelência com a consciência de que o fracasso, os reveses e os erros são partes inevitáveis da jornada dos campeões. Na verdade, a necessidade de ser perfeito causa stress, ansiedade e tensão, todos eles fatores que contribuem para o maior distanciamento da perfeição. Em casos mais graves, os atletas que acham que deveriam ser perfeitos, mas não são, recorrem às drogas, abandonam a carreira e às vezes até recorrem ao suicídio como saída.

A lição para todos nós é simplesmente EQUILÍBRIO. O campeão adota o frágil equilíbrio entre a busca saudável por excelência – esforçando-se para alcançar certos níveis, com interesse nos resultados – e o resultado. O processo envolve a procura de recompensas internas baseadas em metas realistas e flexíveis. A ênfase é colocada em como a ação é executada, não apenas nos resultados. Apesar de você poder ocasionalmente se decepcionar com os resultados, jamais os internalize como comentários sobre quem você é.

Estudos realizados com atletas olímpicos demonstraram que aqueles que têm equilíbrio, aqueles que perseguem a excelência, têm mais chances de alcançar o sucesso do que aqueles que estabelecem para si metas ideais e irrealizáveis. Eu noto que isso vale para todos os aspectos da estrutura corporativa, da vida familiar e de qualquer busca de crescimento espiritual e emocional.

Sem equilíbrio, você perde a oportunidade de arriscar, crescer, mudar e viver o máximo dos seus potenciais. Você é dominado pelo medo se tenta controlar o mundo que está fora do seu controle, o mundo da perfeição.

Aceite a vida como uma montanha-russa, cheia de altos e baixos, vitórias e derrotas. Você não pode ser competente o tempo todo. Estabeleça metas de perfeição, mas tenha a consciência de que elas são meros marcos para ajudá-lo a alcançar o melhor desempenho possível. Joe Montana, Lance Armstrong, Barry Bonds, Gandhi e Jesus nunca foram perfeitos. Você está em boa companhia. Se precisar, seja perfeitamente imperfeito.

LIÇÕES EM FORMA DE AFIRMAÇÕES

- Minha vida pessoal e profissional anda melhor quando pratico a auto-aceitação.
- Eu escrevo a minha história e, em seguida, faço tudo o que é preciso para torná-la realidade. Toda a minha vida é um mero reflexo das histórias que eu conto a mim mesmo.
- Eu me defino com palavras fortes e positivas, descrevendo qualidades que eu quero desenvolver; em seguida, faço diariamente o que é preciso para que essas palavras se tornem realidade em mim.
- Minha vida e minha atuação são um reflexo das palavras e imagens que eu escolho.
- As afirmações são para direcionar, não para iludir.
- A inspiração é um ato pessoal. Eu penso no que me inspira e faço uso dele.
- A dedicação é a disposição para fazer tudo que for necessário para crescer e melhorar como atleta e pessoa.
- Assumido o compromisso de me tornar campeão, as coisas começam a atuar a meu favor.
- A perfeição é algo para se buscar, não para se alcançar.
- O objetivo é chegar o mais perto que puder, e não medir o valor próprio pelo resultado.
- Em vez disso, eu escolho o EQUILÍBRIO, a busca saudável pela excelência.

PERGUNTAS SOBRE A JORNADA:

- Depois de ter respondido a todas as questões deste capítulo, você tem uma consciência maior de si. Com base nesse conhecimento, diga quem é você e para onde você está indo ou em busca do quê?

- Quais são as três coisas que você pode fazer neste exato momento e que trariam mais equilíbrio à sua atuação ou à sua vida?
- Por que você pode ser o que deseja ser?
- Quais são os obstáculos? O que pode ser feito para vencê-los?
- Do que você mais se orgulha como atleta, empresário, CEO ou pai/mãe?
- Qual o livro, a canção ou a pessoa que mais inspirou você e de que maneira?

Capítulo 2
Lições de Propósito e Visão

Saiba qual é o seu propósito, sua visão, sua missão e a mensagem que quer enviar e como irá enviá-la. A análise prévia traz a vitória; pouca ou nenhuma análise é prenúncio de fracasso.

Sun-Tzu

Com uma forte consciência de si e sabendo quem é, você agora é capaz de criar um propósito definitivo e uma visão clara da sua jornada. Esse propósito e essa visão constituem para o campeão algo muito maior do que ele mesmo ou qualquer outro indivíduo. Nesse sentido, ambos são um chamado superior para a descoberta da sua suprema grandeza. Os campeões nos mostram que podemos assumir responsabilidades, além de influenciar e controlar o propósito, a visão e a missão. No seu livro *A Arte da Guerra*, Sun-Tzu reforça a mensagem do atleta quando ele nos diz para assumirmos o controle do meio circundante e procurarmos examinar cuidadosamente a direção que pretendemos tomar. Se ela vai nos oferecer o que necessitamos? Se vai nos dar o que merecemos? Se cobre todo o percurso? Ao iniciar o percurso, não queime etapas. Procure saber se seu destino é seguro.

Neste capítulo você terá lições sobre arrependimentos, missão, ampliação de limites, vitórias e distanciamento, entre outras. E uma coisa é absolutamente certa: se você tem dúvida quanto ao ponto para onde es-

LIÇÕES DE PROPÓSITO E VISÃO

tá indo (propósito e visão), você nunca vai chegar lá. Os campeões são fortes empreendedores das suas jornadas: eles têm propósito e visão.

AFIRMAÇÃO DA MISSÃO PESSOAL

O objetivo e a visão que me guiaram para escrever este livro começam com a simples afirmação da minha missão: guiar e orientar a jornada que vai conduzir você até o seu melhor desempenho possível, como atleta e pessoa, por meio das lições aprendidas com os campeões. Feita essa afirmação, o meu objetivo e minha visão estão claros como cristal quando assumo a tarefa de realizar esse projeto.

O mesmo acontece com você, não importa que o seu projeto seja construir uma carreira nos esportes, construir uma casa ou uma família. Para ser campeão, você terá que começar com a simples afirmação de uma missão definitiva antes de dar o primeiro passo da sua longa jornada. Como atleta, talvez você considere como sua missão ser o melhor possível. A partir daí, o seu objetivo significa descobrir, com a ajuda dos especialistas, tudo o que você precisa saber e fazer para que isso aconteça. Em seguida, você cria as imagens e a visão de si mesmo alcançando as metas e pressentindo como seria realizar o seu pleno potencial. Pode ser um campeonato nacional, a vitória em uma modalidade esportiva própria para sua faixa etária, ser um ótimo pai ou mãe ou um excelente arquiteto e construtor de casas.

Com a simples afirmação da sua missão pessoal, você aprende a planejar o trabalho e, em seguida, colocar o plano em prática. As escolas e universidades fazem isso o tempo todo. Por exemplo, a maioria das instituições de ensino superior tem como missão educar os alunos em termos intelectuais, físicos, emocionais e espirituais. Sabendo disso, elas podem começar a desenvolver um currículo que vise ao cumprimento da sua missão.

No seu caso, seja um campeão agora mesmo voltando sua atenção totalmente para sua missão atual nos esportes e/ou na vida. Comece completando a seguinte afirmação: "Na minha vida e/ou carreira esportiva, minha missão é...................". O espaço deve ser preenchido com uma meta superior específica. Por exemplo, você não deve dizer que está na missão de vencer o campeonato nacional ou escrever um livro. Essa pode ser uma ótima visão, mas sua missão, ou meta específica, é encontrar meios de ser o melhor possível, como levantar peso três vezes por semana ou escrever duas páginas por dia. A partir daí, o campeonato ou o livro fica uma realidade mais plausível.

A linha que separa as missões das metas e visões é muito tênue, mas tente lembrar-se disso: a afirmação de uma missão é um conceito abrangente, uma afirmação única para agrupar várias metas e tarefas. Sua missão pode ajudá-lo a formular metas que identifiquem as tarefas que, quando realizadas, devem cumprir a missão. As afirmações da missão são os alicerces que irão ajudá-lo a construir castelos no céu. Por exemplo, pela experiência de ter trabalhado com a equipe masculina de futebol de Santa Cruz, da Universidade da Califórnia, eu sei que a missão dela é utilizar o futebol para guiar e incentivar o desenvolvimento físico, emocional e espiritual dos jogadores. Embora vencer os jogos não seja o foco principal desse programa, o seu principal treinador, meu amigo Paul Holochar, está confiante de que essa abordagem irá trazer vitórias como efeitos naturais da consecução da missão. Com base na sua missão, a equipe desenvolveu um código moral a ser seguido e um plano para melhorar sua atuação no basquete. Depois de apenas seis anos, o time de Paul foi classificado como o terceiro do país, participando dos jogos do Campeonato da NCAA, naquele que se supunha ser o ano da reconstrução. Tudo isso resultou do fato de a equipe ter atribuído poder e sentido à afirmação da sua missão.

COMO ENVIAR A SUA MENSAGEM

Todo atleta, ao entrar no campo de competição, envia uma mensagem clara e precisa aos seus adversários. Os campeões têm consciência disso, enquanto a maioria dos outros não. Na verdade, quando você entra em qualquer arena, os outros captam sua mensagem e o que eles vêem normalmente determina o seu modo de responder, como atuam e o que fazem; com efeito, sua mensagem vai afetar os resultados do evento. Sabendo disso, os campeões fazem tudo o que podem para ter o controle dessa mensagem, procurando passar uma que atue a seu favor e não contra. Eu tive atletas que me disseram que olham nos olhos dos adversários e o que vêem determina o resultado. Como você sabe, os olhos são comumente considerados as janelas da alma. Muitos atletas relatam ter visto medo, confiança, desafio, intimidação, calma e outras características relacionadas ao desempenho nos adversários. Se isso é verdade – e a minha experiência de trabalhar com campeões diz que é –, o que você faz para passar uma mensagem o mais eficiente possível, seja nos esportes, no trabalho ou em casa?

Vou dar um exemplo relacionado ao meu trabalho profissional como palestrante. Antes de entrar na "arena", eu decido qual mensagem quero passar. Eu quero que eles saibam que eu me importo, tenho interesse, paixão e entusiasmo pelos motivos pelos quais estou ali. Tendo consciência disso, eu decido o que será preciso fazer para que essa mensagem chegue até as pessoas. Por exemplo, preciso estabelecer contato pelo olhar, andar pela sala, ter uma postura vigorosa, mostrar que sei realmente do que estou falando, ser eu mesmo, sincero, porém divertido, além de reagir com naturalidade às emoções que possam advir da situação. Diante dessa postura, o público capta a mensagem e aprecia a minha abordagem. O resultado é determinado antes de eu entrar no palco.

A ARTE DA GUERRA NOS ESPORTES E NA VIDA

Eis um exercício que Sun-Tzu consideraria útil, dadas as suas palavras na citação inicial sobre "análise prévia". Antes de entrar na sua próxima arena de desempenho – campo, quadra, sala da diretoria, escritório, sala de aula ou casa –, fortaleça-se colocando e respondendo às seguintes perguntas:

1. Que mensagem você quer passar? A mensagem pode ser sobre o que eles esperam dessa disputa – que você é um adversário difícil – ou que você está à vontade, com domínio da situação, pronto para dar tudo de si ou simplesmente algo do tipo "eu me importo" ou "eu sou capaz".

2. Feito isso, quais as quatro coisas, estratégias, ações ou atitudes, que você precisa fazer para ter a certeza de que sua mensagem foi enviada e recebida? Escreva a seguinte afirmação em uma ficha: "Quando eu..............., demonstro a seriedade com que envio a minha mensagem". Tenha a ficha sempre consigo e leia-a muitas vezes antes do evento em questão. Sinta a calma e a confiança que advêm do domínio da situação.

SUPERAÇÃO DOS PRÓPRIOS LIMITES

Os campeões nunca se perguntam se é ou não possível superar os limites do seu desempenho, e você tampouco deve se perguntar. A pergunta-chave que eles se fazem – e que você também deve se fazer – é: como é possível? O que eu preciso fazer?

Saiba, porém, que para descobrir as possibilidades disponíveis você terá que obrigatoriamente dar um passo além dos seus limites de comodidade. Esteja preparado, como um campeão do porte de Lance Armstrong estaria, para suportar o sofrimento e o sacrifício que fazem parte do processo. Para superar os limites em qualquer aspecto da sua vida esportiva, profissional ou familiar é preciso que você aceite as adver-

LIÇÕES DE PROPÓSITO E VISÃO

sidades para poder ter uma experiência mais abrangente e gratificante de alegria e satisfação. Somos criaturas que buscamos o conforto e a comodidade e logo nos apegamos ao que somos e conquistamos. É amplamente aceito que a maioria dos atletas raramente utiliza mais do que 18% da sua total capacidade humana de desempenho.

Para superar os limites de quem você é e de onde você se encontra, e para obter um senso de propósito e visão (individual ou grupal), siga as lições dos campeões que dizem para você voltar sua atenção para o processo e não para os resultados. O foco nos resultados cria ansiedade, stress e uma enorme quantidade de tensão. O foco no processo permite que você relaxe e sinta-se confiante no que pode fazer. Siga os seguintes passos para ajudá-lo a concentrar-se no processo:

1. Quais são as três coisas específicas que você poderia estar mas não está fazendo no momento e que, se feitas, trarão imediatamente uma melhora definitiva no seu desempenho pessoal? Por exemplo, no basquete, treinar corrida, lançar-se para disputar uma bola livre e marcar um ponto. Na vida, talvez seja meditar diariamente, fazer meia hora de exercícios quatro vezes por semana e beber oito copos de água por dia. Você decide.
2. Faça um contrato por escrito com você mesmo: "Eu me comprometo a........... (preencher o espaço) para ampliar os limites do meu desempenho nos esportes e na vida". Assine e leia-o diariamente antes de entrar no seu campo de atividade.
3. Tire alguns minutos para relaxar após a leitura do contrato, fazendo três ou quatro respirações profundas e, em seguida, visualizando-se no cumprimento dessas tarefas. Sinta a satisfação resultante de uma prática positiva como essa.

Pense em como você gostaria de ampliar os limites em outras áreas da sua vida e siga o mesmo procedimento. Ele funciona, é simples, mas requer atenção aos detalhes.

ARREPENDIMENTO ZERO

Quando estou trabalhando com campeões, eles me lembram de que ter arrependimentos não é uma escolha. Embora seja impossível eliminar todos os arrependimentos da vida, os campeões ensinam que eles podem ser monitorados e grandemente reduzidos ou controlados. Com o passar dos anos eu desenvolvi um método que tenho usado com centenas de atletas para ajudá-los a ter mais controle sobre esses demônios. O exercício chama-se "Arrependimento Zero" e pode ser aplicado a qualquer área, seja nos esportes, no trabalho ou na vida pessoal. Esse exercício também coloca o foco antes no processo ou na jornada do que no destino ou resultado.

1. Imagine que você já esteja há seis meses (ou outro período de tempo significativo) nessa jornada e esteja avaliando o seu amadurecimento, o seu trabalho e o seu programa de aptidão física. Usando a experiência passada como guia, que cinco arrependimentos você poderia ter agora? Para algumas pessoas, eles podem ser: não ter dado tudo de mim, não ter percebido os sinais de fracasso, não ter sido persistente, não ter levantado pesos, não ter corrido, não ter tido uma alimentação saudável, ter negligenciado o treinamento da mente e assim por diante.
2. Concluída sua lista, responda à seguinte pergunta: quais cinco ou mais ações ou atitudes eu poderia tomar que, se bem-sucedidas, eliminariam as chances de ter esses arrependimentos? Essas são tarefas concretas específicas a serem realizadas, como: levantar pesos três vezes

por semana, duas horas de cada vez, para afastar a possibilidade de arrependimento por não ter força na parte superior do corpo.

3. Afirmadas essas tarefas, escolha aquelas que você tem certeza de que vai assumir e comece a criar um plano de atividades diárias e/ou semanais para orientá-lo nos seus esforços.

Eu tenho aplicado esse exercício em equipes que estão se preparando para um grande evento ou uma partida de quartas-de-final. Eu peço aos atletas que imaginem que tudo já terminou, que é manhã de segunda-feira, e que eles relacionem os arrependimentos que poderiam ter nessa hora. Em seguida, recomendo que eles se comprometam com certas atividades, tarefas ou atitudes que possam ajudá-los a eliminar os arrependimentos. Essa é uma poderosa ferramenta para mudança de foco aplicável a diferentes situações da vida. Da próxima vez que você estiver para sair de férias, pratique esses exercícios e descubra quanto prazer a mais você terá se conseguir de antemão evitar os arrependimentos. Essa prática vai lhe trazer um senso mais profundo de propósito e visão.

A OBSESSÃO PELA VITÓRIA

Os campeões nos ensinam que, quando o único propósito e visão nos esportes é vencer, a pessoa em geral acaba se saindo mal. Eu já me referi ao significado da vitória na introdução deste livro, mas sinto a necessidade de desenvolver melhor essa idéia aqui nas lições de propósito e visão.

Eu lembro perfeitamente quando, nos Jogos Olímpicos de Inverno de 2002 em Salt Lake City, Michelle Kwan pareceu obcecada por conquistar a medalha de ouro em patinação no gelo. Não tendo conseguido realizar essa façanha quatro anos antes, ela deve ter sentido uma enorme pressão para vencer e, de fato, o seu favoritismo era esmagador. Entretanto, a jovem Sarah Hughes, que apareceu simplesmente dando o melhor de si, com pouca ou nenhuma chance de vencer, teve um desempenho brilhante e conquistou a medalha de ouro. O seu objetivo e sua visão eram patinar bem, divertir-se e curtir a experiência... quem sabe chegar a ser uma das três finalistas. Quando o único propósito da pessoa é vencer, a tensão, a rigidez e a ansiedade parecem aumentar, dificultando o seu esforço para dar o melhor de si. Um antigo ensinamento zen diz que "quando o arqueiro atira pelo prazer de atirar, ele é plenamente capaz; quando ele atira pelo ouro, ele fica cego".

Na sua obra clássica, *The Zen of Running*, Fred Rohé afirma com eloquência: "Não há nenhuma vitória que não seja o prazer que você sente enquanto dança sua dança, e não está atrás de nenhuma recompensa futura – a verdadeira recompensa é agora!". O lema dos jogos olímpicos modernos – *O importante não é vencer, mas competir* – nos diz que a essência da participação não é vencer, mas competir bem. Ao fazer isso, você encara a vitória como uma jornada sem destino e, como diz o Dom Quixote de Cervantes, a jornada é melhor do que a estalagem.

Você consegue se lembrar de uma vez em que foi vencedor mesmo quando os resultados não o reconheciam como tal? Eu cheguei no 143º lugar entre os 310 participantes da corrida *cross-country* de Stanford. De acordo com os critérios da maioria dos participantes, esse não foi nenhum desempenho vitorioso. Mas para mim foi uma vitória muito importante, porque eu bati o meu próprio recorde em velocidade para corrida de longo percurso e superei alguns dos melhores atletas universitários dos Estados Unidos – todos com vinte ou mais anos a menos do que eu. Foi um triunfo pessoal interior, um que quase não se podia ver. Quando o próprio processo é gratificante e você supera o momento, a experiência é sempre de vitória; os resultados externos são efêmeros, enquanto as vitórias internas permanecem por toda a vida.

LIÇÕES DE PROPÓSITO E VISÃO

Nós somos uma sociedade obcecada por vencer. Essa obsessão nos tem feito esquecer importantes valores e virtudes interiores de participação em uma atividade. Embora vencer seja importante por muitas razões, a vitória não deve ser um fim em si mesmo. Se você acredita que "não ganhando a prata você perde o ouro", você estará criando camadas de tensão, ansiedade e stress que irão contribuir negativamente para os resultados. Quando pressionado por resultados, o seu corpo fica incapaz de se mover com a fluidez tão necessária para um desempenho vitorioso. Mas, como você provavelmente já sabe, até mesmo os reconhecidos campeões podem se comportar como não-campeões. É fácil esquecer as razões importantes para competir e desviar-se do caminho, mas o verdadeiro campeão encontra o caminho de volta. A campeã mundial e olímpica Regina Jacobs conseguiu encontrar o seu caminho de volta fazendo uma afirmação antes das suas corridas de 1.500 metros. Para relaxar e focalizar o processo, Regina lembra a si mesma: "Posso vencer ou não vencer, mas eu sou uma campeã mundial e escolho correr como tal". Ela tira alguns minutos antes da corrida para se motivar e visualizar o seu desempenho e sente-se relaxada, flexível e forte quando decide correr como uma campeã.

Pense nisso: quando um olho está voltado para a vitória ou o resultado, resta apenas um para concentrar-se no momento. Diga a você mesmo a seguinte verdade: seus maiores triunfos são sempre a conseqüência da sua capacidade de demonstrar o nível que alcançou em tudo o que fez. Você faz isso se concentrando no momento, na própria experiência, em vez de tentar controlar os resultados.

Finalmente, é importante saber que, ao se preparar para uma competição, é não só conveniente mas também saudável visualizar a vitória (contra o relógio, o adversário ou um determinado lugar na linha de chegada), mas não à custa de deixar de observar o andamento do processo.

Entretanto, durante o desenrolar do próprio evento, trate de simplesmente fazer o melhor que puder nesse dia. Lembre-se de que querer vencer e ter que vencer são maneiras totalmente diferentes de encarar a competição. A primeira é saudável e a última é destrutiva.

Agora, inspire profundamente por quatro vezes e, em um estado relaxado e com os olhos fechados, visualize o seguinte:

- Imagine que está se esforçando para que o seu desempenho seja o melhor que puder.

- Sinta a confiança que vem do desempenho de que você sabe ser capaz.

- Sinta a vibração e a excelência a cada momento.

- Sinta a satisfação por estar executando bem o plano que estabeleceu.

- Sinta a alegria, a dança e a fluência de um excelente desempenho.

DISTANCIAMENTO E PRAZER

Que abordagem de propósito e visão seria completa se não incluísse a idéia de distanciamento, conforme vista pelas filosofias zen e taoísta, que vem acompanhada pelo prazer e pela alegria de participar? A verdade é que quando todos nós, meninos e meninas, começamos nos esportes e na vida, os resultados não importavam muito e a maior alegria estava em simplesmente participar. Muitos de nós quando adultos perdemos o contato com essas noções e esquecemos que o verdadeiro propósito da participação é se divertir e ter prazer. E quando digo "prazer" eu me refiro

LIÇÕES DE PROPÓSITO E VISÃO

àquelas situações durante a prática, em um jogo ou no escritório, quando me sinto satisfeito com a execução de um plano bem elaborado, diferente do tipo de diversão resultante de vagabundear por aí, que não deixa de ter o seu valor. Mas com certeza os campeões têm prazer e mantêm-se em perspectiva pela postura de distanciamento que adotam com relação aos resultados. Se você não se prende à felicidade, normalmente consegue alcançá-la. O desapego das posses é uma sensação libertadora. Janis Joplin disse que "a liberdade é simplesmente sinônimo de nada a perder". Os nossos maiores sucessos costumam ser conseqüência dos nossos processos mais prazerosos. Parece que somos muito mais eficientes quando nos abrimos para o poder extraordinário do distanciamento. Os campeões me ensinaram que, embora a realização nos traga prazer, a satisfação máxima advém do fato de encontrar significado na experiência de busca de satisfação.

Não estou querendo dizer que você deva se distanciar totalmente dos resultados. Considere simplesmente a possibilidade de o seu ego se distanciar dos resultados, seja na vitória ou na derrota. Por exemplo, faça todas as pequenas coisas certas para colocar-se em condições de vencer, mas não meça o seu valor próprio com base em resultados negativos. Por outro lado, não superestime o seu valor próprio quando alcançar a vitória. Você ganha ou perde... mas você não é nem vencedor nem perdedor. Eu adoro vencer, os campeões adoram vencer. Mas, quando chegam os resultados, eu preciso me sentir bem com a vitória ou aprender com a derrota e seguir em frente. Eu me recuso a usar um broche que me proclame ou vencedor ou perdedor. O símbolo caligráfico chinês que designa a palavra distanciamento sugere que nos descartemos das peles velhas e ressurjamos livres de limitações físicas e mentais. Não permita que o apego aos resultados reduza sua força ou infle circunstancialmente o seu ego; você não precisa ser refém das circunstâncias. Os grandes campeões sabem que ganhar e perder são, enquanto produtos, efêmeros. O processo, como você compete e executa o plano, é por toda a vida. É nele que eles encontram a felicidade.

LIÇÕES EM FORMA DE AFIRMAÇÕES

- Com a afirmação da minha missão, eu planejo a minha jornada para a grandeza.
- Antes de demonstrar o meu desempenho, eu tenho clara a mensagem que quero passar e faço tudo o que for necessário para que ela seja recebida.
- Eu não tenho medo de ir além dos limites da minha comodidade para superar os meus limites.
- A adversidade e o sofrimento me ajudam a crescer e encontrar o meu prazer.
- Eu tenho consciência de possíveis arrependimentos e faço tudo o que posso para impedir sua ocorrência.
- Eu posso vencer ou não vencer, mas eu compito e ajo como um campeão.
- As maiores vitórias são aquelas que você alcança no processo de competir bem.
- Eu adoro vencer, mas recuso-me a medir o meu valor por qualquer resultado.
- Ganhar e perder são experiências efêmeras. A experiência de participar do jogo é por toda a vida.

PERGUNTAS SOBRE A JORNADA:

- Que aspectos você mais adora na sua vida como atleta, profissional, chefe de família ou pai/mãe?
- Em que porcentagem de tempo você sente satisfação com esses aspectos?

- Como você poderia aumentar essa porcentagem? O que pode ser feito?
- Que coisas específicas poderiam ajudar você a viver com mais satisfação, sentir-se mais satisfeito e produtivo com mais freqüência no trabalho, em casa e na quadra?

Capítulo 3

Lições de Conhecimento do Adversário

Antes de desafiar outro time ou adversário, observe-os; conhe-ça-os. Informe-se sobre todos os aspectos que rodeiam o adver-sário. Baseie as suas estratégias em conhecimentos e informa-ções colhidas, por mais tempo ou custo que isso acarrete. Converse com as pessoas que já competiram com esse adversá-rio. Procure saber quais são seus desejos, esperanças e aspira-ções. Essas informações devem auxiliar o seu senso intuitivo so-bre o que é melhor para o grupo.

Sun-Tzu

Há uma verdade sobre adversários com a qual todos os campeões estão de acordo: CONHEÇA O SEU ADVERSÁRIO ANTES DE ENTRAR EM COMBATE. O quanto você precisa conhecê-lo não é óbvio e vai depen-der da situação, da modalidade esportiva e das pessoas envolvidas. Por exemplo, saber tudo sobre o adversário em atividades esportivas indivi-duais, como golfe ou boliche, não é essencial. Mas para esportes como basquete, lacrosse, *soccer* e outros esportes que envolvem velocidade, quanto mais informações, melhor. A quantidade de informação necessá-ria costuma, no entanto, estar relacionada com as diferentes característi-cas de personalidade. Certos treinadores e atletas são obcecados por sa-ber tudo o que for possível saber, enquanto outros tomam o mínimo

LIÇÕES DE CONHECIMENTO DO ADVERSÁRIO

essencial de informações e dedicam mais tempo e energia à preparação. Na realidade, não existe certo ou errado. Roy Williams, diretor técnico do time de basquete da Universidade da Carolina do Norte, quer que seus atletas tenham vasto conhecimento de cada adversário. Já John Wooden, ex-diretor técnico do time de basquete da UCLA (Universidade da Califórnia), não estava interessado em saber tudo sobre cada nuança do adversário, mas preferia dedicar mais tempo à sua equipe e ao que ela podia fazer para ampliar seus limites. Ambos são treinadores bem-sucedidos, mas cada um tem uma forma diferente de encarar o conhecimento sobre o adversário. Decida por você mesmo o que corresponde melhor ao seu nível de satisfação. Agindo como um campeão, você quer saber o que esperar e preparar-se para isso. Quanto menos surpresa houver, melhor. E não se esqueça de colher informações sobre o campo ou local em que irá competir ou desempenhar. Como participante de uma corrida de longa distância, eu fiz questão de um dia antes da competição conhecer o percurso e correr as partes dele que me pareceram mais desafiadoras, especialmente as subidas. Eu cheguei a correr os dois últimos quilômetros e atravessar o que seria a linha de chegada. Até hoje, quando tenho de fazer uma apresentação em um auditório, como dar uma palestra ou mesmo uma aula, eu procuro, na medida do possível, conhecer o ambiente um dia antes do evento. Eu ensaio a minha apresentação com as informações que colhi em mente. Elas me deixam calmo e relaxado; sinto-me bem por já ter estado no local da apresentação. Os campeões utilizam o conhecimento sobre o adversário e o local da competição dessa mesma maneira.

CONHECENDO OS SEGREDOS DO ADVERSÁRIO

Sun-Tzu, em *A Arte da Guerra*, dedica todo um capítulo à espionagem, o emprego de táticas bem elaboradas de espionagem para conhecer os segredos do adversário. Nos esportes, nós chamamos de "olheiros" esses observadores dos adversários. Todo mundo faz isso: treinadores e atletas observam o desempenho do adversário e registram as informações que podem ajudá-los a montar o seu plano de ação. As equipes em reunião podem até trocar vídeos de jogos. Quando o time de lacrosse de Maryland está para jogar com o de Virginia, o treinador pode obter de Duke as fitas da partida que jogaram contra o time de Virginia uma semana antes. A coisa nem sempre ocorre de maneira tão cordial, mas acho que essa troca é bem comum.

Procurar conhecer os segredos do adversário é também uma atividade comum em outras áreas. O restaurante tailandês manda um gerente almoçar no restaurante chinês do outro lado da rua, para descobrir os segredos do seu sucesso. Ele volta com o grande segredo – chá grátis e sopa e sobremesa incluídos no chamado "almoço especial". Na semana seguinte, as mudanças são realizadas e os negócios são recobrados no seu restaurante. Conhecer é, de fato, poder, como mencionei na Introdução à Parte I, O Caminho da Autoconsciência.

Seja para participar de uma corrida competitiva, jogar uma partida de tênis com o vizinho ou obter uma receita bem-sucedida de um *chef*, se você quiser aumentar sua chance de vencer terá que obter informações. A pergunta "Qual é o seu segredo?" vai ajudar a esclarecer isso. Colha esses dados e use-os a seu favor. Sempre pergunte, quando ainda não souber, para ampliar seus conhecimentos e, conseqüentemente, o seu desempenho.

CONTRA-ESPIONAGEM

Em *A Arte da Guerra,* Sun-Tzu refere-se à contra-espionagem como a atividade criteriosa de colocar estrategicamente falsas informações nas mãos do adversário. Basicamente, isso significa que você, como treinador ou atleta, tem de encontrar um jeito de fazer com que o espião ou observador do adversário capte a informação falsa que parece ter "vazado" do círculo mais restrito e sagrado do seu time. A estratégia é permitir que eles tomem conhecimento dessa informação falsa. Não há necessidade de forçar a situação; você terá simplesmente que usar de discrição ao fazer isso. Por exemplo, um atleta sai machucado de um jogo e espalha-se o boato de que ele não poderá jogar por um tempo. Você faz com que o adversário fique sabendo disso, porque o "vazamento" dessa informação pode ter um impacto sobre a preparação e a estratégia dele, além de lhe dar uma falsa expectativa de resultado da competição com o seu time. Na hora do jogo no sábado, seu atleta aparece pronto para jogar, para surpresa e desgosto do seu adversário. Os oponentes começam a ficar ansiosos e confusos, o que atua a seu favor. A verdade é que a contusão do seu atleta não foi tão grave quanto você fez com que os outros acreditassem.

A contra-espionagem é a criação de uma situação de "aparência *versus* realidade". Você quer que o seu inimigo, adversário ou concorrente se concentre no que parece ser verdade, quando na realidade não o é. A questão importante é assegurar que a falsa informação chegue às mãos daqueles que passarão a mensagem para as pessoas certas na hora certa. Isso requer astúcia. Entrarei em mais detalhes sobre essa questão no Capítulo 4, "Lições sobre a Arte de Enganar".

O ADVERSÁRIO INTERIOR

Você pode se conhecer bem, mas tem consciência da possibilidade do seu maior adversário ser você mesmo? Como disse certa vez o personagem de quadrinhos Pogo: "Nós encontramos o inimigo e ele é nós mesmos".

Não existe nenhuma dúvida quanto a isso... Eu sou o meu pior inimigo. Minhas crenças, limitações auto-impostas, visões distorcidas e expressões negativas criam obstáculos e barreiras suficientes para impedir o avanço de todo um exército. Elas bloqueiam a minha autoconfiança e alimentam as minhas inseguranças. Eu também já cheguei a sentir que não queria entrar para nenhum time que me aceitasse como jogador, para parafrasear o comediante Groucho Marx.

Os campeões têm capacidade para reconhecer e identificar esse adversário interior. Eles sabem que afirmações como "Não sirvo para nada", "Não mereço estar aqui", "Nunca vou vencer", "Não posso", "Isso nunca foi feito", "Não sou suficientemente grande nem suficientemente rápido", "Não tenho a garra necessária" e outras semelhantes estão em oposição à direção que desejam seguir. Frases como essas se tornam adversários formidáveis que ajudam a mergulhar o seu sistema nervoso nas águas da negatividade, derrota, medo e frustração. Quando começar a reconhecer a presença desse adversário, você pode enfrentar esses demônios com frases e palavras cujas armas vêm do coração: coragem, compaixão, paciência, generosidade, persistência, desejo, atenção e tenacidade, para nomear apenas algumas. Como com qualquer adversário, não há necessidade de destruí-lo ou matá-lo. Simplesmente reconheça esses pensamentos negativos e substitua-os por palavras que dizem a verdade – ou seja, expressões afirmativas e positivas que fortalecem e nutrem sua jornada.

Não faça tempestade em copo d'água. Na verdade, o seu inimigo interior não passa de um punhado de pensamentos: eles não são você. Escolha bem os seus pensamentos e reaja prontamente ao reconhecer o inimigo. O conselho de Sun-Tzu para todos nós é que "ao enfrentar os demônios interiores seja rápido, procure caminhos curtos e diretos que o mantenham voltado para a frente... e não olhe para trás. Seja prudente para não destruir todo o seu ser". Sim, não olhe para trás; recuse-se a dar atenção e importância ao lixo da "caixa de entrada". Se podar demais uma árvore, ela vai acabar morrendo. Só apare os galhos. Lembre-se de que o adversário interior morre sufocado na presença de palavras positivas que afirmam a verdade. Esse é O Modo de Ser do Campeão.

LIÇÕES EM FORMA DE AFIRMAÇÕES

- Eu dedico um tempo antes de qualquer evento para descobrir tudo que puder sobre o campo ou local e tudo mais a respeito da competição.
- "Qual é o seu segredo?" é uma pergunta que eu adoro fazer aos meus adversários.
- É perfeitamente aceitável que os meus adversários obtenham falsas informações a meu respeito ou a respeito do meu time.
- Tenho plena consciência de que posso ser o meu pior inimigo e tomo as medidas necessárias para derrotar esse demônio.
- Pensamentos são apenas pensamentos; eles não são eu.

PERGUNTAS SOBRE A JORNADA:

- De que maneiras específicas você sabota o seu progresso nos esportes ou na vida?
- Quais as cinco coisas que você pode fazer agora mesmo para remover esses bloqueios e ajudar-se a se tornar o melhor amigo de si mesmo?

PARTE

O CAMINHO DA POSTURA ESTRATÉGICA

Aqueles que vencem uma centena de vitórias em uma centena de conflitos não têm habilidade suprema. Aqueles que têm habilidade suprema recorrem à postura estratégica para derrotar os outros sem nem mesmo ir para o conflito. Crie estratégias que não possam fracassar.

Sun-Tzu

Em *A Arte da Guerra*, Sun-Tzu sugere que o caminho para a vitória em uma competição está na postura hábil do indivíduo e/ou da sua equipe sobre o seu adversário. Essa postura estratégica pode ser estabelecida antes ou no decorrer do próprio evento. Sun-Tzu nos lembra de que a hora certa para isso é crucial, quando você percebe o momento e observa atentamente o movimento do adversário, uma vez que isso constitui a chave para a vitória. Os três capítulos seguintes apresentam lições que você poderá usar para estabelecer uma forte postura estratégica para a competição. Você vai aprender a arte de enganar, como estabilizar seus estados emocionais, além de maneiras de se tornar confiável para si mesmo e os outros a seu redor. Aprendendo essas lições, você vai, de acordo com Sun-Tzu, "criar uma situação na qual não poderá ser derrotado e na qual não perderá nenhuma oportunidade para derrotar o adversário".

Capítulo 4

Lições sobre a Arte de Enganar

Faça-se parecer inepto e menos competente diante do seu adversário; seja um desconhecido para ele. Mostre o contrário para que ninguém saiba o que você está fazendo.

Tao Te Ching

No beisebol, o lançador muda a direção do arremesso, o jogador de futebol finge que vai chutar a bola no ar, o jogador da defesa envia um passe "distraído" como quem não está nem aí e o corredor faz que vai alterar a direção da sua marcha. Hank Iba, o lendário treinador de basquete, disse certa vez que "a arte de enganar é a essência do jogo". A arte de enganar é uma estratégia universal utilizada por atletas, treinadores e equipes esportivas, CEOs corporativos, profissionais e até mesmo pais em busca de uma vantagem. Sun-Tzu, em *A Arte da Guerra,* enfatiza a importância de se fazer parecer incompetente. Ele diz que "a vitória depende do conhecimento que se tem dos outros e, ao mesmo tempo, de manter-se desconhecido para eles. A arte de enganar é extremamente sutil".

Os campeões nos ensinam que a chave para enganar os adversários é exibir uma conduta contrária à esperada ou à verdadeira. Eles querem que o adversário pense que eles são fracos, que estão despreparados, embora saibam que isso não é verdade. Enganar é uma manobra simples e sutil, porém extremamente eficaz.

A ILUSÃO DA VANTAGEM

A primeira lição da arte de enganar é dar ao adversário a ilusão de que ele é mais forte, mais rápido e mais potente do que você; incentivá-lo a sentir-se em vantagem. Os campeões fazem isso criando a aparência de vulnerabilidade, confusão e medo. Por exemplo, os ciclistas recorrem a esse tipo de tática quando desaceleram como se estivessem cansados, apenas para subitamente ressurgir e desestimular seus adversários. Os corredores quenianos de longo percurso são especialistas em criar esse tipo de ilusão. Certas equipes chegam a "recomendar" o fingimento de alguma doença ou lesão de um dos seus jogadores mais importantes antes de uma partida decisiva. Os adversários se tornam excessivamente confiantes e ficam chocados quando descobrem que o jogador está em perfeita forma. A essência de todos os jogos é a ilusão e a surpresa. Sun-Tzu recomenda que procuremos ganhar vantagem por meio da ocultação das nossas forças.

Os campeões criam essas ilusões que acalmam os adversários quando demonstram ter menos força que têm e exageram nas suas fraquezas. Você também pode projetar a aparência de fragilidade. É como dar ao adversário um "presente" que ele não poderá recusar, enquanto você continua pronto para lutar quando chegar a hora.

A SURPRESA COMO FATOR CONTRÁRIO

Quando estiver competindo, você poderá usar o fator surpresa procurando não fazer nada que ameace o adversário. Dessa maneira, a competição não fica centrada em você e isso o coloca em uma posição vantajosa para implementar sua estratégia. Você pode também usar o evento competitivo como um fator auxiliar e não um obstáculo para fazer o que precisa ser feito.

Sun-Tzu recomenda que guardemos os nossos planos e potenciais em segredo. Se os outros desconhecem a nossa posição real, terão que se preparar para um ataque a partir de muitas posições e isso diluirá sua força. Experimentar várias posturas, mostrando uma defesa e usando outra, revelará, em última análise, os pontos fortes e fracos dos outros. Tudo isso contribui para o efeito surpresa.

Nos esportes, o campeão desenvolve muitas táticas de surpresa, armas secretas que só usa em momentos inesperados. *A Arte da Guerra* ensina a executar as estratégias decisivas que o adversário não consegue nem detectar, nem analisar ou prever. Por exemplo, no basquete você pode recorrer a defesas que são armadilhas e fazer marcação por pressão na quadra toda para confundir os adversários. Os times podem expor um "novo" estilo de ataque ou defesa, como a "ofensiva de quatro cantos" no basquete (*four-corners stall*), estratégia de ataque com quatro jogadores, um em cada canto da metade da quadra, e um quinto driblando com a bola no meio da quadra; o *triple hand-off* no futebol americano (tática em que o coordenador do ataque surpreende e passa a bola para um jogador da defesa), ou um novo arremesso de bola por um lançador no beisebol. Como estratégia, a surpresa é extremamente eficaz para a criação de uma vantagem. É excitante para quem a usa e pode ser devastadora para quem a sofre. Se conseguir manter seus adversários ignorantes a respeito de qual é o seu plano, você pode aumentar as chances de vitória. Sun-Tzu chama de genialidade essa capacidade de surpreender os adversários com mudanças de posição, obrigando-os a se adaptar constantemente – o que nos leva a tratar de outra grande tática de postura, que é a da adaptação. Nas palavras de Sun-Tzu, "não ter posição é uma boa posição". Vamos ver o que isso significa na nossa próxima lição.

NÃO TER NENHUMA POSIÇÃO É A MELHOR POSIÇÃO

Nunca é demais enfatizar a importância da flexibilidade e da adaptação à mudança visando a uma boa postura estratégica. Os campeões verdadeiramente grandes conhecem essa tática, que sugere a não fixação de um plano de ataque determinado e sim sua mudança de acordo com o desenrolar dos acontecimentos. Quando a pessoa é muito rígida, ela pode se quebrar. Sendo flexível e adaptável às mudanças, por outro lado, ela flui e pode se ajustar e colocar-se acima das mudanças. As pessoas que se adaptam mantêm a vantagem. Todos nós precisamos aprender a nos adaptar. A adaptação é aprendida e assimilada quando lhe é dada a oportunidade de reagir às situações de mudança na prática, em jogos e outras atividades cotidianas. Em *A Arte da Guerra*, Sun-Tzu volta a nos lembrar: "Ao formular um plano, verifique se ele está de acordo com sua personalidade. Se ele é possível?... então, execute-o. Se o seu adversário é muito maior, mais forte e poderoso, desenvolva um plano que altere o ritmo, o tempo do jogo, o plano ou objetivo".

Portanto, nesse sentido, não ter nenhuma posição é uma boa posição. Os campeões formulam seus planos mas não se aferram a eles cegamente – não se fixam em uma posição. Adapte-se e seja flexível. Mude seus planos e atitudes mentais sempre que ocorrer uma mudança. Por exemplo, um jogo passa de um campo enlameado para um gramado. Um dia quente e ensolarado vira frio e chuvoso. Às vezes as finais de um campeonato podem ter as suas datas alteradas na última hora em função de mudanças na programação da TV. Eu tive clientes participantes de jogos olímpicos que estavam prontos para atuar nos horários marcados e, de repente, foram informados de que o evento ocorreria uma hora mais tarde. Sem capacidade de adaptação, a pessoa perderia a competição antes mesmo de ela começar. Sun-Tzu nos lembra em *A Arte da Guerra* da

LIÇÕES SOBRE A ARTE DE ENGANAR

importância de termos um plano alternativo se o primeiro não funcionar. O fato de ter táticas de reserva, como atletas que podem substituir algum suspenso ou machucado, proporciona uma sensação de segurança.

É impossível prever todas as possíveis eventualidades. O melhor modo de planejar algo que é imprevisível é não ter medo de se adaptar. Se você encara as possibilidades de circunstâncias imprevisíveis e entende a importância da adaptação à mudança, você está mais bem preparado para se adaptar quando a mudança ocorrer e se sente confiante ao fazê-lo – seja qual for a mudança específica. Então, quando um adversário lança uma surpresa no campo, no escritório ou em casa, é hora de você simplesmente se lembrar de ser adaptável e flexível.

É só examinar a vida cotidiana para saber imediatamente como aplicar essa lição. As pessoas costumam falar em "deixar rolar". A única certeza da vida é a incerteza. A mudança está sempre ocorrendo. Adaptar-se às mudanças é sinal de força. Apegar-se com rigidez a planos ou expectativas é criar stress, ansiedade e sofrimento. O *Tao Te Ching* fala de como "o suave é forte". Vamos entrar mais nessa questão mais adiante no livro, mas por ora *A Arte da Guerra nos Esportes e na Vida* nos ensina a abrir mão da necessidade de estar com a razão, ter flexibilidade, escolher os nossos combates e nos sairmos bem. A água é mole, mas acaba furando a pedra dura. Essa é a verdadeira força do campeão em todas as áreas da vida. Dobrar-se ou quebrar... a escolha é sua.

OUTRAS PÉROLAS

Eis algumas outras pérolas de *A Arte da Guerra,* usadas pelos campeões para fortalecer o seu posicionamento estratégico:

A ARTE DA GUERRA NOS ESPORTES E NA VIDA

- Não há necessidade de destruir o adversário. Você pode adquirir vantagem sobre ele usando um crisântemo como espada. Se você cutuca o seu adversário, o tiro pode sair pela culatra.

- Seja calmo e ágil. Os eventos prolongados amortecem o vigor e a vitalidade. Nada de horas extras, por favor. Lute para conseguir o que você quer.

- Observe atentamente o estilo do seu adversário e saiba quando desafiá-lo.

- Ataque quando estiver forte; defenda-se quando estiver fora de forma.

- Evite chamar a atenção sobre si mesmo, mantendo-a totalmente afastada de você. Assim, você poderá criar forças enquanto eles não têm nenhum motivo para ver em você qualquer ameaça. Mantenha ocultas todas as suas estratégias, inclusive esta.

- Treine para estar em posição de competir sem cometer erros. Movimentos de rotação, firmar-se sobre bolas, lapsos mentais, passes errados, interrupções e faltas duplas são alguns dos erros mais comuns cometidos pelos atletas. Se você treina diariamente para reduzir esses problemas, está criando uma situação de invencibilidade. Fazendo isso, você se protege do ataque.

- Jamais subestime a força do adversário. Faça sempre um treinamento completo. Evite deixar-se contaminar pela vitória e complacência. Lembre-se de Davi e Golias. A disputa com um adversário mais fraco requer uma integridade e uma tenacidade conscientes, se não quiser pagar o preço.

LIÇÕES SOBRE A ARTE DE ENGANAR

- Recuse-se a colocar um atleta contra outro do mesmo time. A competitividade no mesmo time pode ser prejudicial. Tudo bem que sejam "adversários à altura" um para o outro, mas essa posição tem que ser conquistada com base no espírito do amor. Como se amam, todos eles devem se enfrentar em níveis mais elevados, pois ao fazerem isso estarão ajudando os amigos a estarem mais bem preparados contra outros fortes adversários.

- Desafie ou ataque quando se sentir flexível ou pronto, não quando se sentir confuso ou inseguro (intervalos são necessários em tais circunstâncias). Ataque sem usar toda a sua energia. Seja o primeiro a estabelecer uma posição fortemente vantajosa. Se o adversário não estiver igualmente bem preparado, procure saltar sobre ele imediatamente (não dê tempo para ele recobrar a confiança).

- Você precisa se sintonizar com o estado de espírito do adversário (sua determinação interior), sua compostura e força. Ataque quando o estado de espírito dele estiver fraco e indolente. Confronte-o também quando estiver desorganizado, confuso ou caótico. Finalmente, a força do adversário fica comprometida quando sua rotina familiar normal é perturbada.

- É importante saber com o que o adversário conta para se sair bem. Quais são as suas dependências? Do que ele precisa para ser vitorioso? Ao descobrir isso, faça tudo para cercá-lo. Faça-o ficar desesperado; reduza a velocidade do jogo quando estiver preocupado em correr para cima e para baixo e de um lado para outro; e acelere-a quando ele se inclinar para a lentidão; espalhe os esforços se ele depende de concentrá-los em uma área.

A ARTE DA GUERRA NOS ESPORTES E NA VIDA

- Você obtém vantagens se agarrar rapidamente as oportunidades, especialmente nos momentos mais inesperados. Ataque o tempo todo as fraquezas.

LIÇÕES EM FORMA DE AFIRMAÇÕES

- Quando o meu comportamento contraria o esperado, eu me coloco em posição de vencer.
- Sempre que posso, eu dou ao meu adversário a ilusão de que ele é mais forte, mais rápido e mais talentoso do que eu.
- Eu não mostro as minhas forças.
- Minha genialidade está na capacidade de surpreender o adversário com mudanças, obrigando-o a se adaptar constantemente.
- Não ter nenhuma posição é uma boa posição, se sou flexível e capaz de me adaptar.
- Estou sempre procurando novas formas de me tornar mais adaptável.
- Eu sigo o curso das coisas, como a água.
- O suave é forte. Eu abro mão da necessidade de estar com a razão e, portanto, sou feliz.
- Rápido e certeiro para acertar o meu alvo.
- Ataco quando me sinto forte e me defendo quando me sinto fraco.

PERGUNTAS SOBRE A JORNADA:

- De que maneira você pode usar as estratégias para enganar, além das que está usando no momento?
- Com essas estratégias em mente, como seria competir com você?
- Que estratégias para enganar você nota que estão sendo usadas pelos seus adversários?

| 68

Capítulo 5
Lições de Controle Emocional

A competição não causa ansiedade. Qualquer reação emocional... como sentir-se sobrecarregado, exibir excessivo espírito de equipe... é uma complacência que pode distrair e reduzir os níveis de energia tão necessários ao sucesso. Você não tem que mostrar "emoções elaboradas"; é o que os times fazem quando a insegurança deles requer um estímulo artificial. Se você conhece a si mesmo e conhece o seu adversário (...) seus objetivos e motivações... qualquer "showzinho" torna-se desnecessário.

Deng Ming-Dao, A Sabedoria do Tao

A Arte da Guerra identifica as emoções desnecessárias como causas fundamentais da confusão e do fracasso. Segundo Sun-Tzu, as pessoas que conseguem manter o distanciamento, que são calmas e reservadas, prevalecem sobre seus adversários. É a pessoa não dominada pelas emoções que parece vencer com mais freqüência.

No meu livro *Creative Coaching*, eu falo de como os atletas criam uma enorme vantagem sobre o adversário quando conseguem se mostrar calmos e distanciados mesmo que o fogo esteja ardendo interiormente. Eu chamo esse estado de intensidade relaxada e ela vale tanto para treinadores como para atletas. Expor a raiva, a frustração ou a irritação (embora, às vezes, seja impossível não fazer isso) é indício de perda de

A ARTE DA GUERRA NOS ESPORTES E NA VIDA

controle e de reconhecimento de que o adversário está incomodando. Os atletas, particularmente os envolvidos com esportes individuais, entram no caminho da derrota quando começam a expor emoções negativas. A expressão dessas emoções cria uma instabilidade interna e distrai a pessoa da sua atividade. Estrategicamente, é sensato atuar fora da esfera das emoções desnecessárias. Podemos ver isso o tempo todo em esportes como o golfe e o tênis. É só um atleta quebrar o bastão ou atirar a raquete que o seu adversário começa a sorrir (mesmo que seja apenas interiormente), por saber que a vitória é certa. Seja você um CEO, diretor técnico de um time ou chefe de família, tem que saber como as suas emoções podem traí-lo e o que fazer para mantê-las sob controle. As lições seguintes vão ensinar alguns modos específicos de abordar a questão do CONTROLE emocional para você aprender a se auto-regular e competir como campeão.

A INTEGRAÇÃO EMOCIONAL

O que eu observo em muitos atletas é o nível de satisfação com que eles executam os movimentos, com que simplesmente existem e fazem as coisas hoje exatamente da mesma maneira que fizeram ontem. Os campeões, entretanto, buscam a experiência de uma integração mais profunda com a sua atividade esportiva.

O que eu desejo para você é que perceba a diferença entre se sentir integrado seja no campo ou na vida cotidiana, e simplesmente existir. É muito freqüente você e eu acharmos que estamos integrados ao que estamos fazendo. O típico "investimento energético diário" é fraco, carece de "espinha dorsal" e não tem nenhuma base. É preciso que haja uma vitalidade emocional mais pessoal e profunda, ou de *chi* em chinês – que desperte intensidade, excitação e prazer, diferentemente de pressão, an-

| 70

LIÇÕES DE CONTROLE EMOCIONAL

siedade e tensão. Os campeões conseguem projetar sua energia vital *chi* e quem aprende a fazê-lo bem tem o nível do seu desempenho nos esportes ou em qualquer outra área da vida elevado.

É muito simples, embora não necessariamente fácil. Até onde você consegue chegar, o seu nível de excelência nos esportes e na vida, depende da intensidade da sua integração – corpo, mente e coração – à situação, campo, relação ou tarefa. Os atletas campeões são como grandes atores, que quando estão no palco (a arena esportiva) projetam seus sentimentos mais profundos, sua energia, amor, paixão e coragem, no sentido de "atuar como se fosse" realmente aquele personagem, aquele campeão ou atleta de porte nacional. O campeão não se destaca por sua habilidade técnica, mas por sua *presença,* sua capacidade de incorporar a verdadeira emoção. Ele raramente pensa nos seus textos (seus movimentos, seus desempenhos, seus equipamentos esportivos), uma vez que isso interferiria na sua espontaneidade, que é extremamente importante para que permaneça integrado. O texto (os movimentos e lances nos esportes) é uma extensão natural de quem você é e do nível de intensidade da sua integração. Eis algumas estratégias que você poderá usar para projetar o seu *chi*:

- Identifique emoções ou sentimentos positivos específicos que você possa ter no campo, na quadra ou em um contexto empresarial. Integre essas emoções – sinta-se entusiasmado, alegre, corajoso, destemido, relaxado, intenso – e, em seguida, entre na arena e deixe a coisa acontecer. Deixe que as coisas ocorram como resultado da integração desses sentimentos.

- Entre em contato com seus sentimentos antecipadamente, sentindo o seu amor pelo jogo, o motivo pelo qual você joga e as sensações boas que resultam de você "fazer o que gosta".

- O que você faz e como atua ou se comporta quando está em contato mais profundo com sua paixão?

Todos os times campeões dos quais eu já participei têm essa capacidade de se manter emocionalmente em contato com a essência do próprio jogo, o grande momento de toda uma vida de momentos. Os fãs adoram ver seus times exibindo essa capacidade de integração. A verdadeira empolgação advém de ver um grupo de atletas exibindo essa emoção coletivamente. É eletrizante – é a sensação espetacular que se tem quando se é parte desse fenômeno.

Crie agora, mais uma vez, sua visão de como você quer jogar e como quer se sentir. Em um estado de profundo relaxamento, induzido por uma série de respirações profundas (ver na lição seguinte, "O Ponto Imóvel"), sinta a "emoção", a energia, e projete-a para o jogo. Como você se sente quando está em contato profundo com sua paixão? Deixe o seu sistema nervoso mergulhar nessa energia, nos sentimentos que você teve no passado quando foi bem-sucedido, e reproduza-os agora para o desempenho de hoje. Faça a si mesmo a seguinte pergunta instigante: "O que eu realmente amo no meu esporte?", e use a resposta como meio de restabelecer o contato com o jogo.

O PONTO IMÓVEL

> *Treine com atenção para evitar a ansiedade durante a competição. É necessário que haja um modo de acumular e cultivar energia positiva e de competir com uma intensidade relaxada, livre de medos, capaz de arriscar, com pouca ou nenhuma insegurança e com coragem para avançar.*
>
> Deng Ming-Dao, *A Sabedoria do Tao*

LIÇÕES DE CONTROLE EMOCIONAL

Para seguir esse conselho de *A Sabedoria do Tao*, eu aconselho os meus atletas e clientes que pratiquem a ATENÇÃO PLENA, um método que ajuda a acalmar a mente (meditar), acalmar o corpo e mergulhar o sistema nervoso em imagens e afirmações positivas. O Tao refere-se a esse estado da mente como *ponto imóvel*, um lugar de paz e tranqüilidade profundas. Os atletas campeões treinaram para encontrar esse lugar que eleva a consciência, torna os movimentos fáceis e fortalece a confiança, ao mesmo tempo que dá atenção às emoções. Talvez você conheça a lenda de que a mãe de Tiger Woods era budista e o ensinou a encontrar esse ponto imóvel por meio da meditação aos 7 anos de idade. Phil Jackson, ex-treinador do campeão mundial *Chicago Bulls* e do *L.A. Lakers*, usou as técnicas de atenção com seus atletas para integrar a missão e as metas do time às atividades corriqueiras na quadra e na vida pessoal de cada um.

Se você quiser encontrar o seu ponto imóvel, tente colocar em prática os seguintes exercícios, que foram adaptados para o Ocidente em uma combinação de princípios da meditação zen, técnicas respiratórias do yoga e técnicas de visualização da psicologia. Faça essa prática com os olhos fechados para bloquear os estímulos externos indesejados:

1. Inspire lentamente pelas narinas, sentindo o ar frio entrando e enchendo os pulmões. Imagine o ar circulando por todas as partes do corpo.

2. Quando os pulmões estiverem totalmente cheios de ar, prenda ou suspenda a respiração por cinco segundos.

3. Expire lentamente pelas narinas, sentindo o ar quente saindo do corpo.

4. Repita esse processo sete ou oito vezes, concentrando-se na alternância das temperaturas quente/fria do ar. Note como, a cada respiração, você vai ficando mais profundamente relaxado.

5. Nesse estado de relaxamento, introduza imagens de sucesso acompanhadas de palavras, frases e afirmações positivas que nutrem, fortalecem, incentivam e apóiam quem você é, o que você faz e onde você deseja chegar.

6. O processo todo só toma de oito a dez minutos por dia.

Você pode usar essa técnica para ficar em contato mais profundo com as suas emoções (ver "A Integração Emocional"), bem como com qualquer visão ou cenário que desejar criar na sua vida. O meu livro *Thinking Body, Dancing Mind* poderá ajudá-lo a ir mais longe nesse processo, se quiser. Essa técnica, no entanto, basta para deixar você extremamente relaxado e concentrado nas orientações positivas. Eu costumo usar com bastante freqüência essa técnica respiratória quando desejo ter um desempenho mais eficiente e produtivo. Por exemplo, costumo me concentrar nesse ponto imóvel antes de subir ao palco para fazer um discurso importante. A técnica ajuda a me manter em contato com o meu propósito, o meu assunto, o meu público e com o melhor de mim. Ela também funciona bem em quaisquer outras situações de desempenho que causam ansiedade, como fazer uma prova, primeiro dia em um emprego ou uma entrevista de emprego.

Além dessa técnica, você pode ter acesso a esse estado calmo e criativo por meio da concentração nos fatores controláveis da sua prática esportiva e da sua vida e do abandono dos fatores incontroláveis. É impossível controlar os resultados, ou pontos, ou gols marcados, lances, pinos abatidos e golpes no campo de golfe. Se você tentar controlar esses fatores exageradamente, o resultado será muita ansiedade, insegurança, stress, distração, medo e tensão e isso tudo afetará negativamente o seu plano de jogo ou desempenho.

LIÇÕES DE CONTROLE EMOCIONAL

Concentre-se, portanto, nos aspectos que você pode controlar, como a largura dos seus passos, o seu gingado, seus golpes, sua defesa, sua corrida para disputar uma bola, seus socos, sua intensidade, sua preparação, entusiasmo, atitude, coragem e o seu desejo, entre muitos outros. Como se pode confiar naquilo que se pode controlar, pode-se também permanecer relaxado, flexível, forte e potente, criando com isso um ambiente no qual o ponto imóvel tem condições de vicejar.

O famoso mitólogo e atleta de categoria mundial Joseph Campbell contou como perdeu duas competições importantes na sua carreira por tentar controlar o que não estava no seu controle, o resultado de uma corrida: "Eu perdi de vista o ponto imóvel. Entrei para ganhar a corrida e não para corrê-la...e tudo foi por água abaixo".

Trabalhar com os times de hóquei, basquete e lacrosse da Universidade de Maryland me ajudou a entender melhor esse conceito. Antes de cada jogo nós conversamos sobre esse ponto imóvel. No vestiário, antes de iniciar uma partida, eu procuro fazer com que os atletas se lembrem de como é normal querer entrar no campo ou na quadra e derrotar o adversário. Eu sugiro que eles simplesmente entrem em campo, mantenham-se em contato com sua missão e mostrem os grandes jogadores que são – e a vitória se encarregará de si mesma. Eles entendem, também, que podem ou não vencer, mas que, com o foco mantido naquele ponto imóvel, eles provavelmente farão o melhor que podem, e isso, na maioria das vezes, basta para produzir uma vitória também no placar.

Eis algumas estratégias específicas para ajudá-lo a abrir mão de controlar os aspectos incontroláveis, voltando o foco para os aspectos que podem ser controlados:

1. Coloque-se pessoalmente em outro nível, recusando-se a medir o seu valor pelos resultados no campo ou na vida. Saiba que você é muito

A ARTE DA GUERRA NOS ESPORTES E NA VIDA

mais complexo e importante do que um simples jogo, evento ou tarefa corriqueira.

2. Em vez de procurar vencer, demonstre simplesmente sua capacidade máxima de desempenho – nada mais, nada menos.

3. É saudável cultivar o desejo de vencer, mas entenda que não precisa realmente disso; a vitória é uma ilusão de felicidade duradoura que raramente cumpre o que promete.

4. Coloque antes o foco na redefinição de "vencer" como a capacidade de demonstrar mais efetivamente as habilidades e talentos aprendidos durante sua vida.

5. Simplesmente faça o que tem de ser feito, sem se preocupar. Dan Jansen, campeão mundial de velocidade em patinação, acabou ganhando a medalha de ouro olímpica quando decidiu não dar mais muita importância à vitória. Não se preocupe demais com a coisa certa. Entre em uma competição procurando não dar nenhuma importância a ela; se você conseguir isso, estará mais apto a relaxar. Às vezes é mais divertido entrar dizendo "Para o inferno com tudo isso" – com "tudo isso" querendo dizer resultado. Tendo reconhecido isso, atue com o que eu chamo de esforço sem esforço, uma atitude de afirmação do seu melhor nível de aptidão, dando o melhor de si (mostrando a que veio) sem procurar conscientemente vencer o jogo ou garantir um contrato.

Eu dediquei um bom tempo a esse tópico porque aprendi com os campeões que, se você domina esses conceitos, atuará em níveis mais elevados, de maneira mais consistente, com mais coragem e confiança. Confiança é simplesmente aquele espaço espiritual no qual você se sente livre para focar apenas os aspectos possíveis de serem controlados (ver Capítulo 6). E, ao fazer isso, você fica calmo e, com mais freqüência, descobre aquele ponto imóvel no seu interior. E não esqueça de praticar com freqüência as suas habilidades meditativas.

RESPOSTA POSITIVA INSTANTÂNEA

Em *A Arte da Guerra*, Sun-Tzu nos lembra: "Sempre que uma porta é aberta por um adversário, entre por ela na velocidade da luz para que ele não possa reagir. Preveja quando isso pode acontecer durante uma competição, para estar preparado". Essa porta se abre para você quando o seu adversário tem o seu lance barrado, um passe roubado, uma incrível corrida promissora interrompida e muitas outras situações nos negócios ou na vida, quando ele perde a oportunidade de responder de maneira positiva à sua boa sorte.

Essa porta também se abre para você entrar quando, durante todo um jogo ou evento, você passa pela experiência de um erro pessoal, um equívoco, revés ou fracasso. Pode ser simplesmente uma situação frustrante, como um lance perdido ou uma falha defensiva nos esportes, ou uma decisão equivocada, uma oportunidade perdida, uma escolha errada na vida. Se você se deixar imobilizar por ela, só aumentará o problema; você não pode dar-se ao luxo de lamentar ou de sentir pena de si mesmo. Quando você baixa a cabeça, fica ruminando, reclamando ao superior ou tendo um acesso de raiva, está demonstrando desrespeito pelos seus companheiros de equipe, seus treinadores, colegas, CEO, esposa ou filhos. Quando deixa de responder prontamente a essas situações, você está inculcando confiança nos outros, enquanto a reação que você engoliu tem um efeito nocivo sobre o seu desempenho pessoal em todos os campos de competição.

Você pode reverter esse processo simplesmente inspirando profundamente (em esportes como tênis, golfe e outros que dão tempo para isso) e/ou dizendo para si mesmo: "Vamos lá, JÁ!". Eu recomendo aos meus atletas que façam isso utilizando a técnica de meditação que lhes permite visualizar, a cada dia, as circunstâncias que provocam reações negativas e para "se verem" respondendo a elas de maneiras positivas. Eu dei a essa técnica o nome de RPI – Resposta Positiva Instantânea. Ela pode ser a pedra de toque para você, seus companheiros de equipe e treinadores usarem para a criação de respostas positivas instantâneas. Comece a praticá-la agora para mudar as suas reações negativas à boa sorte do adversário ou aos seus próprios erros, reveses e fracassos. Dessa forma, cada situação se torna uma oportunidade para um novo começo, para recomeçar. Lance perdido: RPI nele! Chute fora: RPI nele! Passe desviado: RPI nele! Falta dupla: RPI nela! Chance desperdiçada, decisão errada, oportunidade perdida: RPI nelas! Você consegue imaginar?

SER COMPLACENTE

Durante a ocorrência de uma batalha, confronto ou competição, você tem de se manter vigilante o tempo todo. Tem de se manter consciente do seu objetivo, de quem você é e do que está fazendo. Evite, durante esse processo, pensamentos e palavras que distraem e afastam você do seu foco. Permanecendo em contato com as suas forças, você ganha vantagem sobre o adversário.

Sun-Tzu

O Caminho do Campeão é um processo em que você se mantém em contato com o seu objetivo e desempenha o máximo das suas possibilidades; ele implica procurar meios para ser o melhor possível, mesmo para quem

LIÇÕES DE CONTROLE EMOCIONAL

já é muito bom. Michael Jordan chegando uma hora antes para praticar e melhorar o seu jogo, ou Tiger Woods continuando no campo duas horas após uma boa partida de golfe para fortalecer o seu ponto fraco do dia, são dois exemplos de grandes atletas campeões para os quais o caminho e o objetivo são chegar ao seu melhor desempenho pessoal. Ser menos do que o melhor de si mesmos, mesmo sendo os campeões que já são, é acomodar-se e tornar-se complacente. Gandhi disse certa vez que "a vida é uma vigília constante". A verdadeira vida de um campeão é também uma vigília diária constante, procurando descobrir e praticar aquelas atitudes que contribuem para o seu crescimento e desenvolvimento, tanto no campo como fora dele.

A complacência é um espaço emocional no coração e na mente que requer atenção. É um anátema a O Caminho do Campeão, um câncer do espírito do competidor que pode ser curado ou controlado com um comprometimento do coração. Quer dizer, você precisa ter no fundo do seu coração a convicção ou o desejo de fazer tudo que for necessário para descobrir exatamente onde pode chegar. Você está disposto a fazer tudo que for necessário para realizar o seu pleno potencial e/ou ser um campeão? Se você perguntar "O que isso exige?", é sinal de que não está disposto nem comprometido. Pense nisso. Que diferença faria se eu lhe dissesse o que isso exige? Ou você vai fazer o que for preciso ou não vai.

Muitos atletas e outros profissionais são extremamente complacentes. A posição que alcançaram no atletismo ou no mundo dos negócios sobe à cabeça deles, que ficam se achando melhores do que todos os outros por participarem de competições de alto nível. Eu vejo isso em atletas com bolsas de estudos que participam dos principais programas da Primeira Divisão. Eles são "suficientemente bons". Mas serão tão bons quando poderiam ser? Não, se não estão dispostos a fazer o que for preciso para ampliar seus próprios limites e alcançar um outro nível de grandeza pessoal. Estar disposto a fazer tudo o que for preciso – desejo profundo – requer o elemento do sofrimento, um conceito zen que nos ensina como a adversidade é a porta para a iluminação ou, para os realizadores e empreendedores, a chave para descobrir e acordar (ou tomar consciência) para sua verdadeira grandeza. É pelo sofrimento que você entra em contato com sua mais profunda essência atlética e pessoal e tem a visão da sua suprema grandeza. A maioria de nós não acredita no elemento do sofrimento e pode ser por isso que tão poucos se tornam campeões.

Vivendo entre tantos campeões, tanto no atletismo quanto na minha vida pessoal, eu aprendi que todos os níveis de desempenho em campeonatos envolvem certo grau de sofrimento – físico, mental, emocional, espiritual e social. Não estar disposto a ultrapassar os limites da comodidade para entrar em zonas de desconforto é esquecer para sempre o nível de grandeza que poderia ser alcançado. Os atletas (a elite deles, neste caso) queixam-se mais ou menos incessantemente das suas dificuldades e fardos, como se sua atividade esportiva tivesse que ser fácil. Eu conheço bem essas queixas porque tive minha própria parcela delas.

O esporte, por sua própria natureza, evoca em nós sentimentos de frustração, pesar, tristeza, remorso, raiva, medo, ansiedade, angústia, desespero (exatamente como a vida, só que mais intensificados em curtos períodos de duração). Esses são sentimentos desagradáveis, muitas vezes tão dolorosos quanto o sofrimento físico.

O sofrimento também está presente em outros aspectos. Práticas prolongadas, exercícios exaustivos, falta de tempo para conviver com outras pessoas, ficar no banco de reservas e horários que impõem sacrifícios. Quando o meu filho Sean tinha 15 anos, ele se queixava das três horas de treino de basquete (esporte que ele adora) aos sábados. A prática esportiva requer dele sacrifício porque há tanta coisa acontecendo na vida de um adolescente, especialmente nos fins de semana, como noitadas com amigos, surfe, patinação, dormir até mais tarde, enfim, todas as coisas normais e saudáveis para ele fazer, mas nenhuma delas o ajuda a descobrir sua grandeza como *point guard* (jogador de basquete na defesa que dirige o ataque do time, normalmente da sua posição). Tudo bem não se desejar algo; só que você precisa saber que, sem a disposição para fazer sacrifício e suportar o sofrimento, provavelmente você não vai chegar a realizar o seu pleno potencial na área.

Lembre-se de que a cura para a complacência em qualquer área da vida é o comprometimento com o coração. Estou falando de ter um profundo desejo e disposição para fazer tudo o que for necessário para crescer e se desenvolver, o que requer nada menos que coragem, compaixão, destemor, tenacidade, paciência, perseverança e uma série de outras qualidades que permitem que você avance e supere qualquer sofrimento. Fazendo isso, você cresce física, mental e espiritualmente. Por meio de todo sofrimento e adversidade, você aprende e se desenvolve. Ben Franklin disse: "O que machuca ensina".

A escolha é: ou contentar-se com o que você é entre os seus iguais ou descobrir quão grande você pode ser, independentemente dos outros.

EMOTIVIDADE EXACERBADA

Não é sensato acumular ódio e raiva de um adversário e desafiá-lo por motivos pessoais. É um erro querer a vingança pessoal. Mantenha clara a sua missão e sem nenhuma camada emocional que possa obstruir a visão clara.

Sun-Tzu

Às vezes, treinadores e atletas se perguntam se mostram devidamente as suas emoções nos treinos ou jogos. O que eu observo é que "preparar-se" para um desempenho não é realmente uma questão de emoção. A atitude "oba-oba" costuma não passar de uma demonstração da necessidade do time de convencer os seus membros e os outros de que estão prontos. É uma questão de se encontrar no estado de "intensidade relaxada" (resultante da prática de meditação, visualização e afirmações), um estado de equilíbrio mental no qual você consegue responder de maneira clara, intuitiva e inteligente a cada volta inesperada, desconhecida no processo constante de mudança das condições do jogo. A presença exacerbada de emoções, o acúmulo de ódio ou raiva de um adversário, embora no início possa parecer ser um fator de motivação, pode criar uma situação de instabilidade psicológica que acabará resultando em fadiga, confusão, nervosismo, falta de clareza, indecisão e egoísmo – bloqueios interiores que são mais prejudiciais do que a força infligida por qualquer adversário. A idéia é liberar a expressão natural e espontânea das suas emoções, resultado do transbordamento de um coração repleto. O processo ocorre de dentro para fora e não o contrário. O importante é deixar que qualquer expressão manifesta da emoção seja resultado da paixão e intensidade que você sente naturalmente diante do evento próximo,

Travis Brown, o americano campeão nacional e olímpico, após um desempenho extremamente intenso e a vitória em uma prova de ciclismo *cross-country* em *mountain bike*, ao cruzar a linha de chegada levantou os braços e sorriu como uma criança. O que ele expressou foi a sensação de liberdade após uma corrida difícil e desafiante.

LIÇÕES EM FORMA DE AFIRMAÇÕES

- Eu escolho atuar fora da esfera da vulnerabilidade emocional e, ao fazer isso, assumo uma posição de vantagem.
- Quando ajo, eu me comporto como um campeão, controlando tudo o que está na minha esfera de controle.
- Eu projeto a presença de um campeão mantendo-me em contato com a paixão que sinto e demonstro durante um jogo.
- Eu pratico meditação, visualização e afirmações para relaxar, manter o foco e agir como um campeão.
- Eu não posso controlar os resultados e, por isso, concentro-me em controlar o processo.
- Quando cometo um erro, eu aplico a RPI (Resposta Positiva Instantânea).
- Para melhorar, eu tenho que fazer sacrifícios e suportar sofrimentos, já que a adversidade é a porta para a grandeza.
- Recuso-me a permanecer complacente. Quero alcançar a grandeza.

PERGUNTAS SOBRE A JORNADA:

- De que maneiras específicas você pode ter que fazer sacrifícios e suportar sofrimentos? O que são sacrifícios e sofrimentos para você?
- Enumere cinco aspectos (físicos, mentais e emocionais) da sua atividade esportiva, profissional ou pessoal que você pode controlar.
- Enumere duas situações específicas no seu jogo ou na sua vida que levam você a ter reações exageradas e ficar emocionalmente perturbado. O que você pode fazer para evitar essas reações ou recuperar rapidamente a calma?

Capítulo 6
Lições de Prontidão

A regra do combate não é contar com a possibilidade de o adversário não atacar, mas ter meios de lidar com o seu ataque; não pense que ele não vá atacar, mas desenvolva o que permanecerá inatacável quando ele o atacar.

Sun-Tzu

Os três elementos mais importantes do plano estratégico dos campeões são preparação, preparação e... preparação. Quem não se prepara, prepara-se para fracassar. Os grandes campeões são minuciosos, profundos e abrangentes nas suas atividades de preparação para a inevitabilidade do ataque. Nenhuma pedra é deixada no lugar no processo de preparação do conjunto corpo-mente-espírito. Eles exercitam as suas forças e fortalecem suas fraquezas. Em *A Arte da Guerra*, Sun-Tzu considera essa a chave para o trabalho de cálculo das vitórias futuras. Ao se preparar para futuros combates, ele recomenda que você evite ter uma predisposição excessiva para perder, ser ansioso demais por vencer, envolver-se demais emocionalmente ou ser excessivamente sentimental; do contrário, você ficará muito vulnerável e correrá o risco de ser derrotado. Estar pronto quer dizer colocar-se em posição de responder prontamente, ser flexível e capaz de adaptar-se a toda e qualquer eventualidade. O atleta ou equipe que tenha esse preparo colherá os frutos do seu trabalho. Os

LIÇÕES DE PRONTIDÃO

grandes campeões fazem isso muito bem. Os exemplos seguintes mostram como os atletas campeões se colocam estrategicamente e se preparam para o sucesso.

VAI BEM, MAS PRECISA TRABALHAR

Prontidão, a delicada arte de estar pronto, é um processo permanente de aprender com os reveses e usar os pontos fortes como um trampolim para o sucesso futuro. Quando um evento, jogo ou disputa virou passado, é hora de seguir em frente e começar a preparar-se para o próximo desafio. A qualidade do seu método de seguir em frente depende em grande parte do estilo da sua avaliação, da crítica que você faz de um treino ou do desempenho em um jogo. A maioria dos atletas tende a começar pelo lado sombrio: o que há de errado e por que eu/nós estou/estamos cumprindo as minhas/as nossas expectativas? Eu costumo brincar com os atletas dizendo: se você reduzir as suas expectativas (ver "Não Esperar Nada"), não terá mais esse problema, mas também nenhuma necessidade de fazer isso.

A chave para se usar a experiência passada em favor do sucesso futuro é colocar a si mesmo ou ao time algumas questões bem direcionadas. É crucial começar com esse processo de avaliação de uma maneira positiva. Em primeiro lugar, pergunte a si mesmo ou ao time: o que está indo bem? Isso afasta qualquer possibilidade de atitude defensiva, seja da sua parte ou do time, e passa a mensagem de que você (ou a equipe) está no caminho certo. As observações positivas são sempre válidas e, quando discutidas, aumentam a confiança em si mesmo e a auto-estima. Começar dessa maneira ajuda você a manter o coração aberto para uma discussão sobre possíveis mudanças a serem efetuadas. Como pergunta seguinte, evite a típica "O que deu errado?", uma vez que ela obriga você a se concentrar nas atitudes negativas ou ações equivocadas. No seu lugar, eu sugiro a seguinte: "O que precisa ser trabalhado?", por ser uma pergunta que envolve mais iniciativa e promove a melhora e o aperfeiçoamento, além de conduzir você para uma posição de prontidão. Note a diferença entre as respostas a cada pergunta:

A. O que deu errado? Nós não praticamos os nossos lances livres.
B. O que precisa ser trabalhado? Precisamos treinar a preparação das jogadas, assim como praticar cinqüenta lances livres por dia.

A primeira pergunta leva a queixas, reclamações e ao foco no que não está sendo feito. É um lembrete de tudo o que nos falta. A segunda pergunta reconhece que algo de positivo precisa ser feito para melhorar a situação do time. Ao procurar a resposta à pergunta "O que deu certo?", fica mais fácil encarar o desafio de "O que precisa ser trabalhado?". Essa é, em poucas palavras, simplesmente a jornada de um campeão: observe o que está funcionando bem e melhore o que pode ser melhorado. A segunda pergunta vai fazer você prosseguir de maneira deliberada, intensa e focada. Use regularmente essas duas perguntas na sua atividade profissional como meio de verificar e avaliar o seu próprio desempenho e o de outros. É um exercício sem riscos que mantém o clima aberto e favorável ao crescimento. Eu costumo usá-lo com os meus filhos em casa para tratar dos seus trabalhos escolares ou atividades esportivas. Eles tendem a ouvir, o que já é por si só um milagre. Para mim mesmo, no final de uma consulta, de um seminário ou de uma palestra, eu encontro nessas perguntas uma fonte permanente de bem-estar, confirmação e possibilidade de crescimento ou de mudança.

NÃO ESPERAR NADA

Nas palavras de um antigo guerreiro samurai: "Não espere nada, mas esteja preparado para tudo". A expectativa, como a conhecemos, pode ser o nosso adversário mais poderoso, o castigo merecido pela prontidão. Ela desencadeia ansiedade, pressão e stress. A sua não-realização pode ser desestimulante, se não devastadora. Você se lembra de ter já lido sobre abrir mão do que não pode controlar? As expectativas são entidades incontroláveis que desviam você do processo de concentração na execução de um plano bem elaborado.

Uma parte integrante de qualquer processo de preparação é seguir o conselho do guerreiro samurai. Prepare-se para a possibilidade de qualquer coisa acontecer e abra mão de qualquer expectativa de resultados. Dito isso, se você se preparou minuciosamente, fez o que foi preciso para ter um bom desempenho e se sente em boa forma, pode ter somente estas, e nenhuma outra, expectativas:

- Espere fazer o melhor que puder, mesmo que isso não signifique vencer.
- Espere sair-se bem.
- Espere conseguir fazer tudo convergir para o mesmo objetivo.
- Espere que algo realmente bom esteja por acontecer.
- Espere o sucesso, que é definido pela sua capacidade de demonstrar de maneira consistente o seu melhor nível atual de desempenho.
- Espere conhecer a si mesmo e tornar-se um atleta e uma pessoa melhor.

Crie expectativas coerentes (que correspondam) com o que você acha ser realista para as suas condições – não o que a mídia ou outros possam esperar.

Você pode estar pressentindo com muita intensidade que vai vencer e isso é ótimo. Entretanto, esperar nada menos do que a vitória é criar uma tremenda ansiedade. É melhor concentrar-se em como você irá se comportar durante a competição: espere ser corajoso, destemido, feliz, entusiasmado, paciente, ousado, audacioso ou o que escolher, e deixe que o resultado se encarregue de si mesmo.

Esteja consciente de que a mídia e outras influências externas podem encher a sua cabeça de expectativas. Essas possíveis fontes de stress podem criar "lendas" que prestam um desserviço à nossa mente, levando-nos a colocar o foco na expectativa errada. Isso pode criar camadas sobre camadas de ansiedade e tensão que só servem para nos desviar do nosso melhor desempenho. (Releia a parte referente a "Escrevendo minha Própria História", no Capítulo 1.)

Quando coloca as expectativas de lado, você está admitindo que não pode controlar o seu futuro, apenas influenciá-lo. Para facilitar esse processo, coloque o foco na direção para a qual os seus pés estão apontados no momento e determine uma forte preferência em lugar de uma expectativa. Uma preferência pressupõe que você esteja menos preocupado com o resultado ao direcionar os seus esforços ao longo do caminho do desempenho excelente. Você se mantém aberto para as possibilidades de maior expansão em vez de limitar-se a expectativas definidas. De acordo com a sabedoria taoísta:

Sem expectativa

Sempre se percebe a sutileza;

E com expectativa

Sempre se percebe o limite.

Tao Te Ching

E, por fim, prepare-se para ficar livre das expectativas refletindo sobre os pensamentos a seguir em um estado meditativo de relaxamento (técnica que já descrevi em outra parte deste livro). Procure lembrar-se de algum momento da sua vida em que se sentiu relativamente livre das expectativas dos outros. Você era o cara novo no pedaço, o novato no esporte, novo no trabalho ou simplesmente uma criança totalmente alheia aos deveres e obrigações do mundo. Agora, no seu estado de relaxamento, recrie os sentimentos associados àqueles dias em que você vivia relaxado e livre de pressões. Os seus desempenhos refletiam o seu amor e entusiasmo pelo jogo ou trabalho. Transfira esse sentimento para a sua situação atual, repleta de expectativas dos outros. Diga a você mesmo: "Recuso-me a permitir que outros me controlem com as suas expectativas. Estou fazendo o que eu prefiro fazer, para satisfazer a ninguém senão a mim mesmo. Eu desfruto desse processo e continuo focalizando o prazer que estou sentindo agora".

A ATITUDE ÍNTEGRA

Só há uma atitude com a qual o campeão pode desafiar o adversário, e essa é a de total integridade. Aplicado a esse contexto, o conceito de integridade é definido como o estreitamento de qualquer brecha que possa existir entre quem você diz ser e o que, de fato, você faz. É por isso que a Parte I, "O Caminho da Autoconsciência", é tão importante como começo da sua jornada de campeão. Quando se dedica ao processo de tomar consciência de si, você começa a sentir o seu poder pessoal.

A mensagem do *Tao Te Ching* é clara: confie no seu poder interior e use-o. Lao-Tzu acreditava que nós, atletas ou profissionais de todas as arenas de competição, não sentimos esse poder, mas sim medo. O medo cria tensão, ansiedade e stress e estes limitam o desempenho. O Tao ensina você a tomar consciência do seu poder interior, de quem você é, e permanecer em contato com esse poder, atuando em sintonia com ele para chegar a um desempenho excelente. Saber quem é coloca você na melhor posição para atuar com base nesse poder interior. Os campeões não comprometem os seus talentos, habilidades e consciência de si, independentemente de quem é o adversário, qual é o resultado ou a situação em que se encontram no trabalho ou em casa.

Tantos times e atletas comprometem a sua integridade, alguns porque, por mais que saibam quem são, não colocam esse saber em prática; outros por não saberem realmente quem são e, ignorando o seu próprio poder, dão as costas a quem são realmente e se deixam subestimar por medo e intimidação. Eles dão aos outros abertura para fazer com que se sintam inferiores, desmerecedores ou menos do que são e, nesse processo, perdem a integridade. A integridade também é comprometida quando você, como atleta em posição de superioridade, encontra-se vinte pontos à frente e deixa o adversário avançar apenas por não continuar a atuar com a mesma intensidade. Você passa para o seu adversário a mensagem de que não está a fim de demonstrar a sua excelência durante todo o jogo, que espera poder relaxar e não se esforçar. Quando isso ocorre, o adversário perde o respeito por você. Você pode manter a sua integridade, mostrando a ele que um grande atleta se recusa a agir em qualquer nível que não seja o seu máximo até o fim.

Muitas pessoas põem a perder o seu esforço no momento
Da sua conclusão.
Com a mesma atenção no final e no começo
Nenhum esforço será desperdiçado.

Tao Te Ching

Você só é campeão quando mostra a sua integridade durante todo o processo, seja qual for o resultado. Seja você o favorito ou o que está em posição de desvantagem, esteja à frente ou atrás, você pode continuar em contato com a sua integridade, voltando o foco não para os pontos ou o possível resultado, mas para a disposição de exibir as suas habilidades, demonstrar o seu nível de preparo e atuar a cada instante da competição.

Lembre-se de que você é "suficientemente bom". Você merece o melhor e, portanto, aja à altura. Independente da posição de qualquer outro, você tem valor intrínseco, algo a demonstrar, algo a ensinar. Você merece a oportunidade de demonstrar o seu nível de habilidade quando chegar a hora. Comporte-se sempre como um campeão e você será um campeão.

Um dos meus exercícios preferidos para fazer com atletas baseia-se nessa sabedoria do Tao. Antes de um jogo importante eu peço aos atletas que definam quem eles são naquele exato momento. Eles costumam responder: "Nós somos atletas de categoria nacional determinados, corajosos, incansáveis, valentes, perturbadores, destemidos e audaciosos". E eu costumo prosseguir: "Relacionem cinco atitudes específicas que têm de ser demonstradas durante o jogo para provar que essas palavras dizem a verdade a respeito de vocês, que vocês têm integridade – o ato de combinar quem vocês dizem ser com o que vocês fazem". Esse pedido cria um clima de excitação, desafio, foco, confiança e responsabilidade, já que passamos a saber o que exigimos uns dos outros. Essas palavras e atitudes subseqüentes tornam-se o nosso guia e o nosso mantra para encararmos o jogo com integridade. No meio da disputa, podem-se ouvir expressões como "seja valente", e elas se tornam canais de acesso para aquele espaço espiritual da valentia. Existem, de fato, ações específicas que você pode realizar e que demonstram essa virtude na prática.

Como você pode ver outra vez, o código do campeão está baseado na obtenção do sucesso interior. Entende-se que você sempre queira vencer. Você sonha com isso e pode saborear esse sonho. No entanto, disponha-se a fazer o melhor que pode e deixe a vitória por sua própria conta. O campeão sabe que, uma vez alcançado o sucesso interior, a necessidade de vitória exterior se torna menor, porque ele se sente bem consigo mesmo. Com menos necessidade de vitória exterior, há também menos tensão, ansiedade e pressão para vencer. E, com menos ansiedade e tensão, é mais fácil para o campeão relaxado alcançar a vitória exterior, uma conseqüência da jornada espiritual bem-sucedida, a verdadeira meta pela qual você se empenhou.

Quando começar a se adaptar e se desenvolver nesse sentido você irá notar uma redução drástica nos níveis de tensão e ansiedade que acompanham todas as situações competitivas. Você pode continuar sentindo a excitação, a expectativa e o nervosismo que antecipam o evento, uma vez que esses sentimentos o mantêm sobre os seus próprios pés. Como um campeão, apresente-se sabendo que o seu treinamento e preparação para o jogo ou evento foram o mais completo possível e simplesmente atue o que você é. Não se preocupe demais com os resultados; deixe o seu corpo, a sua mente e o seu espírito livres para fazer o que mais sabem fazer, o que você os treinou para fazer. Livres de críticas e julgamentos, que a mente e o espírito dancem com o que o corpo aprendeu a fazer nas horas de treinamento. Curta a dança, o fluxo, o processo e o verdadeiro motivo pelo qual você joga ou participa de um evento, simplesmente pela paixão que você tem por esse esporte maravilhoso ou trabalho desafiante, o entusiasmo e o prazer que ele proporciona. É isso, repetindo, que eu chamo de integridade: a integração do que você faz com quem você é. Quem diz que é um campeão e faz o que os campeões fazem, demonstra altos níveis de integridade e o sucesso lhe será assegurado.

Atenha-se aos seus princípios e valores éticos e nem por um instante considere a possibilidade de comprometer o que você acredita ser certo. Agir com integridade é a chave.

I Ching

A MENTE DO INICIANTE

No seu livro clássico *Zen Mind, Beginner's Mind*, Shunryu Suzuki afirma: "Na mente do iniciante existem muitas possibilidades; na mente do especialista, existem poucas". Todos nós corremos o risco de sermos especialistas.

Como meio de se preparar para o que possa vir a acontecer, muitas pessoas desenvolvem crenças e preconceitos que podem prejudicar seriamente o seu desempenho. Sendo especialista, você "sabe" que isso ou aquilo não pode ser feito. Quebrar a barreira dos quatro minutos na corrida de 600 metros era considerado impossível. No entanto, essa crença restritiva foi prontamente desmentida pelo campeão Roger Bannister, que, com a sua mente aberta, fez o que os especialistas achavam impossível.

Para preparar-se melhor e estar pronto para enfrentar o seu desafio, seja como um campeão e desenvolva a mente de iniciante, que é aberta, receptiva e livre de preconceitos. Questione todas as suas crenças restritivas. John Lilly, psicólogo que pesquisa os padrões de comportamento dos golfinhos, disse que "as crenças são limites a serem examinados e transpostos". Escreva agora mesmo uma lista das suas crenças restritivas favoritas, como por exemplo "eu não posso", "isso jamais aconteceria", "eu não sou (nós não somos) suficientemente bom (bons)" e assim por diante. Comece a observar as situações em que você age como um especialista, sem base de comprovação. Agora, com a mente de um iniciante, inverta essas afirmações (exemplo: "Eu posso...") e, em seguida, re-

A ARTE DA GUERRA NOS ESPORTES E NA VIDA

lacione todas as possibilidades em lugar das improbabilidades. Uma pergunta pertinente que serve como guia para ajudar você a se abrir para as possibilidades é a seguinte: se você se permitisse desempenhar a sua capacidade máxima, o que você acha que seria possível?

Antes de entrar em atividade, eu sugiro aos atletas que esse pode ser o dia da sua grande virada. Eu pergunto a eles: "Se vocês se permitissem desempenhar a sua capacidade máxima, o que vocês acham que aconteceria?". E, em seguida, a pergunta: "O que, especificamente, precisa ser feito para que isso aconteça?". Independentemente do que venha a acontecer, o sistema nervoso de cada um deles se sintoniza ao máximo com a abertura e a receptividade. Eles começam a procurar meios de realizar o sonho. Pensar o contrário só os desestimulará e contribuirá para a abdicação do seu potencial máximo.

Eu gosto da idéia de "novos começos", que reforça a abordagem da mente zen. Por exemplo, você é um jogador de golfe que erra facilmente o alvo. Ao se aproximar da bola para batê-la pela segunda vez, diga a si mesmo: "Este é um novo começo, uma chance de começar de novo e demonstrar como um campeão, um jogador de golfe de categoria mundial, bate na bola". No tênis, cada ponto torna-se um novo começo. No futebol americano, cada posse de bola é um novo começo. Cada tempo no lacrosse é um novo jogo. Entre em campo no segundo tempo e jogue como se o placar estivesse 0 a 0, esteja você vencendo ou perdendo. Depois de cada erro ou falha, comece de novo. "Novos começos" tornam-se o tema ao longo de toda a partida ou jogo. Ter essa idéia como estratégia pré-jogo é uma forma descontraída de começar a disputa.

Outra estratégia que vai ajudá-lo a manter a mente de iniciante é brincar com as seguintes perguntas: "Como é competir conosco ou comigo? Como o adversário pode se sentir?". Examinar o evento competitivo da perspectiva do seu adversário serve para fortalecer o que você sabe sobre si mesmo, além de ajudá-lo a se concentrar na sua presença em vez de se preocupar excessivamente com o que pode lhe faltar. Você está pronto para demonstrar quem você é e ver como os outros podem ter motivos sérios para se preocupar com a competição com você. Dê a eles motivos que justifiquem as suas preocupações, atuando com integridade.

Quanto mais desenvolver a mente do iniciante, mais você vai jogar pelo prazer de jogar, como uma criança pequena no parquinho, livre de julgamentos, pressões e do medo do fracasso. Quanto mais nesse estado mental você estiver, mais livre estará para desempenhar o máximo da sua capacidade.

LIÇÕES EM FORMA DE AFIRMAÇÕES

- Quando deixo de me preparar, preparo-me para perder.
- Estou mais bem preparado quando sou flexível e adaptável.
- Minha preparação me diz para não esperar nada e estar preparado para tudo.
- Espere o sucesso!
- Procuro meios específicos para integrar o que faço ao que sou.
- Recuso-me a dar permissão aos outros para que me façam sentir inferior.
- Minha mente aberta de iniciante prepara-me para o meu melhor desempenho pessoal.
- Os meus preconceitos fecham minha mente para as oportunidades. Eu os examino e os deixo para trás.

PERGUNTAS SOBRE A JORNADA:

- Com base na sua preparação, que cinco coisas positivas você pode esperar que aconteçam durante o seu desempenho? (Nada de resultados, por favor.)

- Que cinco coisas específicas você precisa fazer para que elas possam acontecer?
- Quando você dá o máximo de si, que comportamentos, ações ou atitudes contribuíram para isso? O que você pode fazer para aplicá-los ao evento ou situação?
- Examinando em retrospecto o último jogo, campeonato, temporada, situação de trabalho ou programa familiar, do que você mais se orgulha? O que pode ser feito para influenciar essas situações no futuro?

PARTE

O CAMINHO DA VANTAGEM COMPETITIVA

Agarre as oportunidades antes que os outros o façam. Escolha caminhos e lugares onde o ataque não é esperado.

Sun-Tzu

As duas partes anteriores tratam do processo de conhecimento de si mesmo e do conhecimento do adversário como meios de preparação para uma competição, bem como das medidas para se posicionar estrategicamente antes e durante a disputa. Nesta Parte III serão apresentadas as estratégias que poderão ser usadas durante um evento para aumentar a vantagem competitiva. Em *A Arte da Guerra* nós aprendemos que o tempo é essencial e que precisamos ter respostas rápidas; essas estratégias irão, portanto, ajudar você a agir naturalmente com base na sua experiência. É extremamente importante lembrar que a maior vantagem do seu adversário – a sua vantagem competitiva – é a descrença que você possa ter na sua capacidade de desempenho máximo. Esta parte do livro vai ajudar você a tornar-se mentalmente ousado e a acreditar em si mesmo por meio da concentração em todos os aspectos da disputa que podem ser controlados. Como já vimos, a obsessão por resultados – fator que não pode ser controlado – causa tensão, ansiedade e pressão e acaba levando a dúvidas, perda de autoconfiança e descrença em si mesmo. Os capítulos seguintes irão ajudá-lo a obter a vantagem competitiva por meio das lições e estratégias dos campeões e da sabedoria de Sun-Tzu – o que lhe permitirá atuar em níveis mais profundos de satisfação e, ao mesmo tempo, também aumentar as suas chances de vitória.

Capítulo 7

Lições de Aceitação da Adversidade

Uma árvore cercada de gigantes
Precisa de tenacidade para sobreviver.

Deng Ming-Dao, *A Sabedoria do Tao*

Como sugere Deng Ming-Dao, sem a adversidade imposta pelas outras árvores, a árvore na floresta não precisaria reunir forças para crescer. A própria adversidade estimula a árvore a crescer, exatamente como todas as adversidades em nossa vida nos oferecem a oportunidade de descobrirmos os nossos verdadeiros potenciais de grandeza. O medo diante da adversidade agrava o problema. A determinação, a maleabilidade e a perspectiva permitem que você consiga sair do perigo encarando o medo de frente e transformando-o em vantagem.

A adversidade é uma espécie de crise espiritual que desencadeia muitas reações emocionais, como insegurança, perda de autoconfiança, frustração, pânico, pressão, ansiedade e stress. No entanto, como todas as crises, ela se torna uma oportunidade disfarçada. A palavra "crise", em chinês, é formada por dois caracteres: *wei*, que significa "perigo", e *chi*, "oportunidade". Ela significa simultaneamente perigo e oportunidade. Traduzida, significa "oportunidade trazida por um vento perigoso". Para retirar essa oportunidade da adversidade ou da crise você terá que, como um campeão, mostrar determinação tanto para saltar para trás quanto para demonstrar resistência e a capacidade de escavar fundo para encontrar um "outro vento". Tal ousadia mental, acompanhada dessa perspectiva filosófica espiritual, muitas vezes revela o lado bom das coisas ruins. Em cenários adversos, se mantiver a calma, observar e se abstiver de fazer julgamentos precipitados e se desesperar, você ouvirá a sua voz interior sábia e estará em condições de abraçar as oportunidades que cada crise traz consigo.

As atividades esportivas constituem o ambiente perfeito para se aprender a lidar com crises, uma vez que, no espaço de uma hora de competição, você é obrigado a enfrentar algumas ou todas as inúmeras formas de adversidade, como derrotas, perdas, erros, falhas, frustrações, fadiga, lesão e até mesmo o sucesso com a sua natureza fugaz. Aprendendo a ajustar o foco da sua lente de percepção sobre essas formas de adversidade e começando a abraçá-las pelo que elas, em última análise, oferecem, você estará dando o primeiro passo no caminho de alcançar a vantagem competitiva, tanto nos esportes quanto em todas as outras áreas da vida.

A IMPORTÂNCIA DOS PATAMARES

Muitos atletas detestam chegar a situações estacionárias nos seus processos de desenvolvimento pessoal. Eles perdem a paciência, ficam frustrados e tentam forçar a barra para que algo aconteça antes da hora. O desânimo leva ao desespero, que, por sua vez, complica ainda mais uma situação que já é difícil.

De outro lado, os campeões nos mostram os benefícios dessa aparente falta de progresso tanto nos treinamentos como nas competições. Em lugar de perceberem a situação como mais um obstáculo ao progresso, eles a aceitam como um momento de contenção necessário e essen-

LIÇÕES DE ACEITAÇÃO DA ADVERSIDADE

cial no processo de aquisição de maestria. Os campeões nos mostram que esses patamares, ou estágios, não representam perigo, mas oportunidade para aprender, através da repetição, como se tornar perito nesse novo nível de desempenho. Esses atletas entendem que o movimento para a frente ocorre quando chega a sua hora, não quando eles acham que devem avançar. Você pode ter tido um desempenho em nível mais elevado uma ou duas vezes, na sua atividade esportiva ou na sua profissão, mas isso não quer dizer que você já tenha o entendimento, o desenvolvimento e a maturidade para atuar consistentemente nesse nível. Os seus aspectos físico, mental, emocional e espiritual precisam estar igualmente desenvolvidos antes de você passar consistentemente para outro nível. Isso leva tempo e os campeões persistem com paciência enquanto esperam isso acontecer. No mundo do ciclismo há uma expressão a esse respeito: tudo é possível... basta sentar e pedalar!

Alcançar o seu melhor nível de desempenho exige esse tempo. Curta a situação de estar em um platô; ela é sua amiga.

TRABALHO DESAFIANTE

Os campeões são pessoas totalmente comprometidas com o desenvolvimento de fortes princípios éticos. Como já vimos na parte em que tratamos da complacência, no Capítulo 5, os campeões se dispõem a fazer tudo que for preciso para executar a sua tarefa. Eles avaliam as necessidades, planejam o trabalho e colocam o plano em prática. Na maioria dos casos, o que separa os campeões dos segundos lugares é que os primeiros se dispõem a encarar todos os desafios e todas as tarefas desagradáveis que os outros se recusam a executar.

Vou contar uma experiência que tive como participante de corridas de longa distância. Eu treinava de três a quatro horas por dia, todos os

A ARTE DA GUERRA NOS ESPORTES E NA VIDA

dias, percorrendo mais de 160 quilômetros por semana. Lembro-me de me sentir cansado, exaurido e dolorido física e mentalmente no final do dia. Mas ainda assim eu adorava fazer aquilo. Às vezes eu saía para correr à noite, no mês de janeiro, com uma temperatura de 17 graus, e dava uma volta de uns 13 quilômetros por uma estrada rural e com um amigo dirigindo um carro atrás de mim para iluminar o caminho e me dar segurança. Eu sabia que não eram muitas as pessoas dispostas a suportar essa dor – o desejo delas de alcançar o sucesso não era intenso a ponto de suportar isso. Minha ética de trabalho me desafiou e me colocou em uma posição invejável. Por isso eu consegui vencer, junto com minha equipe, um título nacional e vários campeonatos regionais individualmente. Eu acredito que posso realizar tudo o que quiser na vida, porque tenho disposição para trabalhar com mais empenho e dedicação do que os meus concorrentes.

A lição a ser aprendida com os campeões é que todas as grandes conquistas na vida exigem de nós que passemos pelo teste de uma sólida ética de trabalho. Não é algo com o qual nascemos; é algo aprendido e cultivado por longos períodos de tempo. Levante-se antes dos outros e vá para a academia. Adicione algo ao seu programa de treinamento. Chegue ao escritório antes dos outros para obter uma vantagem competitiva, desafie-se a si mesmo a escrever duas páginas a cada dia. A ética de trabalho requer trabalho para se desenvolver. Todos os campeões sabem disso e são reconhecidos por esse estilo de trabalho. Uma ética de trabalho é uma habilidade que qualquer um pode aprender.

Eis um fato surpreendente: muitos conhecedores acreditam que os maiores campeões mundiais no esporte atual não são nem os campeões olímpicos nem as estrelas dos esportes profissionais, mas os "monges maratonistas" do sagrado Monte Hiei do Japão. Por um período de treinamento de mais de sete anos, esses "budas olímpicos" metaforicamen-

LIÇÕES DE ACEITAÇÃO DA ADVERSIDADE

te dão a volta ao mundo a pé. Durante um incrível percurso de cem dias, eles cobrem cerca de 84 quilômetros por dia – o dobro da distância de uma maratona olímpica. Mas o prêmio que eles almejam não é uma medalha de ouro nem alguns instantes fugazes de glória, mas antes apreender o estado mais elevado de consciência que se pode ter: a iluminação no aqui e agora, o que os transformará nos santos dos tempos modernos. Isso demonstra o compromisso de um grupo de pessoas com a aceitação da adversidade por meio de uma sólida ética de trabalho, que simboliza a determinação de alguém que aspira a chegar a ser campeão. A mensagem deles a todos nós é clara: se você faz o que parece impossível, não há nada que não possa ser alcançado.

A DOR DE VACILAR

Uma das características do campeão é o profundo respeito que nutre por si mesmo e pelos seus adversários, comumente manifesto na recusa a atuar aquém das suas capacidades. Mas há horas em que eles perdem de vista esse conceito não dando tudo de si e, com isso, arriscando a sua integridade e também, possivelmente, o resultado do jogo. Por exemplo, a equipe nacional feminina de lacrosse da Universidade de Maryland "vacilou" e atuou muito aquém dos seus potenciais em uma partida em que sofreu uma derrota avassaladora de 3 x 2 para a equipe rival da Virginia. A dor que se seguiu ao jogo não foi pela perda, mas pelo fato de elas não terem dado o melhor de si. Em uma reunião posteriormente naquela semana, nós discutimos como a dor de perder não é nada comparada com a dor mais profunda de acordar na manhã seguinte se perguntando como poderia ter sido maravilhoso se o time não tivesse vacilado e atuado aquém da sua capacidade. No fim de semana seguinte, elas se ergueram e decidiram ir à forra contra a equipe da Universidade de Old Dominion.

Apesar da dura derrota de 1 a 0, as mulheres se sentiram confiantes, fortes e satisfeitas com o seu desempenho campeão. Comprometidas com uma atuação de campeãs, na próxima oportunidade elas foram para cima de uma equipe extremamente forte da Carolina do Norte. Quando não há vacilação, a dor da perda tem as suas recompensas, independentemente dos resultados.

Por que vacilar e atuar aquém das suas capacidades em qualquer área de desempenho? Use a dor e o cansaço desse esforço máximo como guia para ajudá-lo a medir o seu desenvolvimento e progresso no caminho do campeão. Não tem nada a ver com o adversário – jamais. Trata-se de você e da sua própria definição e critério do que é extraordinário. Use o seu adversário como um parceiro que, junto a todos os seus esforços, pode ajudá-lo a descobrir o verdadeiro tamanho da sua grandeza.

O SUCESSO DO FRACASSO

Ao trabalhar com alguns dos melhores atletas deste país, eu observo que eles têm em comum pelo menos dois aspectos. O primeiro é um alto nível de tolerância aos reveses. Eles nos ensinam a aceitar o fracasso como uma experiência necessária, o preço que cada um paga ao assumir o risco de fazer o melhor de si mesmo. O segundo é que eles cometem mais erros do que qualquer outra pessoa. Eles cometem mais erros porque tentam mais. Eles aprendem com os seus erros, melhoram e, então, conseguem.

Fracasso e revés equivalem à crise. Lembre-se de que em chinês a palavra que corresponde à crise tem simultaneamente dois significados: perigo e oportunidade. Os campeões vêem nos fracassos oportunidades de aprender e, em seguida, com o conhecimento recém-adquirido, eles començam a avançar em direção ao sucesso. A tricampeã de medalhas de ouro olímpicas Jackie Joyner-Kersee bateu dezenove recordes mundiais em uma série de eventos *track and field* (eventos que envolvem atividades físicas básicas, como andar, correr, saltar e lançar). Ela nem sempre foi vitoriosa, mas sempre foi uma campeã. Ela declarou que perder uma competição, e entender por que, fez dela a campeã resistente que é. Em certo sentido, o fracasso foi o seu sucesso, o seu melhor amigo nos esportes.

A seguinte estratégia vai ajudá-lo a ver nos seus reveses oportunidades de sucesso e, também, a recuperar a sua perspectiva em todos os aspectos dos esportes e da vida:

1. Registre os fatos objetivos sobre a situação, como por exemplo: "Eu fui deixado para trás pelo grupo na primeira subida", ou "eu não consegui completar o exercício", ou "eu não consegui entregar a proposta dentro do prazo".

2. Registre a sua avaliação subjetiva dessa experiência, como por exemplo: "Eu sou um péssimo atleta, empregado, ser humano. Não mereço fazer parte disso...".

3. Registre as reações que sentiu a essa avaliação subjetiva, como por exemplo: "Estou decepcionado, deprimido e irritado".

4. Registre os dados objetivos que suportam a avaliação do item 2. Provavelmente, não existe nenhum dado conclusivo que comprove os seus comentários.

5. Registre o que você aprendeu com o revés, como por exemplo: "Eu preciso concentrar os meus treinos nas subidas", ou "eu preciso regular o ritmo da minha marcha no início das corridas", ou "eu preciso ser mais organizado e administrar o meu tempo de maneira mais eficiente".

6. Registre como se sente agora, depois de concluído o item 5. Por exemplo: "Continuo decepcionado, mas vou ficar bem. Estou melhor depois de tê-lo feito e não vejo a hora de fazer outra tentativa".

Além dessa estratégia, você pode continuar a fortalecer a sua resistência aceitando o fracasso ou os reveses como parte natural e inevitável do processo. Afinal, existem dois tipos de atletas e profissionais no mundo: os que falham, fracassam e cometem erros e os que querem. As seguintes diretrizes vão ajudar você a tirar proveito do fracasso:

- Estabeleça realisticamente metas desafiadoras a curto prazo. Como é provável que, na maioria das vezes, essas metas sejam alcançadas, a mensagem psicológica de que "eu sou um vencedor, eu cumpro minhas metas" ganhará força em você. Isso, por sua vez, vai aumentar a coragem, a confiança em si mesmo, a motivação e o compromisso com o futuro.

- Lembre-se de que ninguém consegue ser totalmente bem-sucedido, competente e realizador. O fracasso faz parte do processo em direção ao sucesso. O desempenho é uma montanha-russa e querer que seja diferente é extremamente irracional e constitui a causa de grande parte do stress. Altos e baixos são considerados normais. Você vence algumas vezes e perde outras tantas; ora está entusiasmado, ora desanimado. Não brigue consigo mesmo quando o fracasso – o mestre – faz uma visita inesperada. Abra-se para aprender com ele.

- Chegar à condição de excelência leva tempo. Paciência, persistência e perseverança são os três Ps do desempenho extraordinário.

- O verdadeiro fracasso pode ser definido como a sua recusa a ver o lado positivo e a assumir o risco de crescer e melhorar. Você nunca quer olhar para trás com arrependimento e desejar que tivesse assumido o risco de dar tudo de si e descobrir quão bom poderia ter sido.

- Como o guerreiro zen, não espere nada, mas esteja preparado para qualquer coisa. Expectativas de resultados são preparativos para o fracasso. Crie fortes imagens de preferência e, então, faça tudo o que estiver ao seu alcance para transformar essas preferências em realidade.

- O fracasso não é devastador; provavelmente você não vai morrer por isso. Mas é decepcionante. Da perspectiva de quem rememora, o sucesso ou o fracasso exterior em situações competitivas raramente é visto como indicador de verdade absoluta: você nunca é tão bom quanto a sua melhor vitória, nem tão ruim quanto a sua pior derrota. Recuse-se a dar crédito demais aos resultados alcançados.

Depois de ter examinado o sucesso e o fracasso dessa perspectiva, talvez você queira criar afirmações para usá-las como pedras de toque que o ajudem a se manter no caminho certo. Crie as suas próprias ou adapte às suas necessidades as seguintes sugestões:

- Os fracassos são lições que eu aprendo e sigo em frente.

- A adversidade aumenta a força interior. Por causa dela, eu sou um atleta melhor, uma pessoa melhor e um empregado melhor.

- Eu ajo, não reajo; eu aprendo com o fracasso.

- Os reveses são os meus mestres; eles me ajudam a transpor os meus limites.

Finalmente, use as técnicas de meditação e visualização (rever "O Ponto Imóvel", no Capítulo 5) para guiá-lo do fracasso para o sucesso. Na sua visão interior, veja-se corrigindo os erros e equívocos praticados ao longo da semana e veja-se desempenhando exatamente como gostaria, depois de ter aprendido as lições dos reveses. Faça as correções na sua mente tantas vezes quantas forem necessárias até você se sentir vibrando por estar fazendo as coisas como gostaria.

Na arte marcial do aikidô, o lutador funde-se com uma força contrária, move-se com ela e usa-a a seu favor. Experimente fazer isso com o fracasso: veja-o como uma dádiva e uma força contrária com a qual você se funde para tirar proveito das suas lições. Ao agir assim, você faz com que o poder da força contrária (no caso, o fracasso) deixe de existir. Você redireciona a força e segue em frente.

Assim como o caos de uma tempestade violenta traz uma chuva benfazeja que faz a vida vicejar, também nas ações humanas, os tempos de progresso são precedidos por tempos de desordem. O sucesso vem àqueles que conseguem resistir à tempestade.

I Ching

Eu realmente aprecio a oportunidade de falar para os meus atletas sobre o meu impecável e um tanto quanto impressionante currículo de três páginas. Eu menciono como os meus aparentes sucessos profissionais e atléticos são reais, embora criem uma ilusão de ausência de fracassos. A verdade é que aquelas três páginas de sucessos são o resultado de trezentas páginas de rejeições, fracassos, reveses e erros, sem os quais eu não estaria onde estou hoje. De acordo com a filosofia budista, a flecha acerta o alvo depois de uma centena de fracassos. Os meus fracassos são os meus sucessos. Essa maneira de ver o revés e o fracasso fortalece a minha capacidade de recuperação, quando estou determinado a voltar a atacar com mais força e sabedoria do que antes. O campeão não vê nenhuma outra alternativa.

Lembre-se de manter essa perspectiva toda vez que se deparar com qualquer tipo de fracasso. Você obteve tremendos benefícios fisiológicos, psicológicos, mentais e espirituais dos seus esforços diligentes; ficar tenso por causa de um desempenho fraco é botar a perder muito do que foi ganho. Alguns fracassos e reveses não são apenas indicadores inexatos das suas habilidades e potenciais, mas podem muito bem ser a chave para as suas maiores viradas e sucessos. Isso me faz lembrar de uma lição do Tao: "De acordo com a Lei Natural, alguns perdem e, dessa maneira, ganham". Eu posso lhe afirmar o seguinte: o fracasso de hoje não vai significar nada daqui a dez anos, mas deixar de continuar progredindo vai significar muito.

O PERIGO DO SUCESSO

O sucesso e a vitória no placar esportivo e na vida nos apresentam um outro tipo de adversidade: como lidar com a inevitabilidade do declínio. O Tao ensina que os ciclos e as mudanças são permanentes. Por isso, quando vence uma disputa, você acredita que "chegou", embora acabe finalmente por descobrir a experiência do "declínio". O livro chinês das transformações, o *I Ching,* nos lembra de que "o apogeu costuma ser breve... Quando o declínio se aproxima, o homem superior não o antecipa conscientemente, pois ele espera por essas mudanças cíclicas. Ele está preocupado em fazer o melhor do que tem à disposição".

O campeão entende que todos os resultados bem-sucedidos são seguidos de perda e que toda perda é condição básica do triunfo futuro. Os campeões nos ensinam a importância de gozar os momentos de vitó-

A ARTE DA GUERRA NOS ESPORTES E NA VIDA

ria enquanto eles perduram, mas sabendo que no declínio farão dos reveses os alicerces do próprio progresso.

Outro perigo, embora mais sutil, associado ao sucesso é o seu potencial de ameaçar outros aspectos da vida: emprego, família, amigos. Afinal, se você é realmente bom nos esportes, nos negócios ou em qualquer outro ramo de atividade, você pode ser tentado a dedicar mais tempo à sua paixão, para tornar-se ainda melhor. Isso pode significar menos tempo para os familiares e amigos. As pessoas bem-sucedidas podem ser facilmente levadas a sentir alguma pressão para não se desviarem das expectativas estereotipadas da sociedade e podem, portanto, sentir uma pontada de culpa por ter ultrapassado os limites da ordem convencional. Por exemplo, se você tem 38 anos e é um corredor bem-sucedido, talvez ache que está se eximindo das responsabilidades de pai ao dedicar cada vez mais tempo aos treinos. Outras pessoas podem ficar perguntando quando, afinal, você vai "crescer". O sucesso nos negócios também pode criar um problema para os amigos, que têm menos chances de ver a pessoa devido aos seus compromissos profissionais.

E depois, diferentemente do seu oposto – o fracasso –, o sucesso parece proporcionar poucas oportunidades de se aprender. Ele pode distorcer a realidade na medida em que você esquece os pontos fracos e ressalta os pontos fortes. O sucesso cria a sensação de que você é o melhor, o especialista que sabe tudo. Na verdade, pode haver muito para aprender, especialmente se a sua vitória foi sobre um time menos talentoso ou uma empresa de qualidade inferior. Você corre o risco de se tornar convencido ou complacente com o seu desempenho, conforme vimos no Capítulo 5.

As lições dos campeões e os ensinamentos do Tao são claros: uma vez alcançado o sucesso, você pode se ajudar a seguir a onda, sem sabotá-lo, desde que veja o seu sucesso como parte de um processo de vida

| 110

maior. Use o seu sucesso como meio de avaliar se você está no rumo certo. Estabeleça novas metas para o futuro que manterão você neste rumo. Lembre-se de que o verdadeiro sucesso é a qualidade dessa jornada. Descubra que os ciclos do declínio costumam ser seguidos de ciclos de expansão. Aceite esse equilíbrio e tudo o que ele tem a oferecer.

A CILADA DO CANSAÇO

Aprender as lições que dizem respeito ao cansaço é um passo importante na conquista da vantagem competitiva. Os campeões sabem que o cansaço é universal, ele não poupa ninguém, uma vez que atinge todas as faixas etárias e todos os níveis de habilidade – não só nos esportes, mas também em outras áreas da vida. Reconhecendo essa verdade, o campeão pode relaxar, e isso, por si só, ajuda a aliviar o cansaço.

Combater o cansaço é inútil; se você resiste, ele persiste. O esforço para combatê-lo só serve para despender energia, aumentar a ansiedade e agravar a situação já difícil. Em vez de combatê-lo, coopere com ele. Procure pensar nele como um aspecto familiar a ser descoberto. Fale com ele, como por exemplo: "Oh, é você de novo. Parece que você sempre me visita nesse momento da corrida ou nessa hora do dia. Ótimo, você pode me acompanhar se quiser, mas eu não vou reduzir o passo nem desistir – portanto, corra para manter-se ao meu lado". Ao travar tal diálogo imaginário, você automaticamente reduz a ansiedade por se recusar a dar poder a essa fonte de aborrecimento.

O cansaço também pode ser desencadeado pela mente antes que o corpo esteja realmente em condições de ficar cansado. Quantas vezes você vinha correndo tranqüilamente em uma competição quando, de repente, apareceu uma subida imprevista e o cansaço misteriosamente se insinuou? Talvez você tenha se sentido tomado pelo cansaço depois de

A ARTE DA GUERRA NOS ESPORTES E NA VIDA

ter sido ultrapassado por um corredor que você sabia ter condições de vencer. Talvez você tenha trabalhado durante muitas horas com resultados positivos mas, de repente, pensa no quanto ainda há por fazer e começa a sentir a sua energia se esvair. Essas situações, em que a mente se sente sobrecarregada pelo que vê pela frente, criam uma reação de ansiedade que pode resultar em tensão e em outras reações fisiológicas negativas que contribuem para o surgimento do cansaço físico.

Como a maioria de nós reage ao cansaço? Perdemos a confiança, ficamos distraídos, nos sentimos frustrados, inseguros e cheios de medo. Para combater essas reações ao que é inevitável, tente colocar a mente na atitude do campeão fazendo o seguinte:

1. Concentre-se em um pequeno trecho de cada vez. Com oito quilômetros de maratona pela frente, concentre-se em correr apenas 1.600 metros e depois repetir o procedimento mais quatro vezes. No trabalho, divida a hora em quatro partes de quinze minutos. No trabalho de escrita, posso colocar como meta concluir um tópico do capítulo em vez de o capítulo todo de uma vez.

2. Concentre-se em quão perto você se encontra do final, se for o caso.

3. Concentre-se nos aspectos mecânicos do seu esporte, como a forma e o ritmo, bem como em outros aspectos automatizados, para desviar a atenção do desconforto.

4. Saiba que todos os outros provavelmente também estão se sentindo cansados e doloridos a essa altura da prova ou de um dia de trabalho árduo. Eles também não estão gostando nada disso e estão ficando mais tensos com o passar do tempo. Se eles conseguem prosseguir, você também pode.

LIÇÕES DE ACEITAÇÃO DA ADVERSIDADE

5. Concentre-se em relaxar os músculos da face. Imagine a tensão dos ombros se desfazendo. Deixe os músculos se soltarem dos ossos.

6. Barganhe com o seu corpo. Diga a ele que vai lhe dar uma massagem, um banho quente de banheira, descanso e uma boa comida.

7. Mude a sua maneira de ver o cansaço. Diga a si mesmo que é isso o que todos os campeões sentem quando se esforçam para chegar ao próximo estágio, uma experiência necessária na exploração dos seus potenciais.

Você tem muitas alternativas para lidar com o cansaço. Eu sugiro que experimente cada uma delas para descobrir qual é a melhor para você. Antes de cada evento, prepare mentalmente as estratégias que irá aplicar. Saber que você está no controle elimina a ansiedade e reduz o cansaço. Ao primeiro sinal de dor, coloque as suas estratégias em ação. Não se esqueça de que você pode tomar conta do seu cansaço; não precisa sofrer por causa dele.

A LESÃO COMO OPORTUNIDADE PARA MEDITAR

A lesão, assim como todas as adversidades, coloca o campeão em uma crise que desencadeia uma série de respostas emocionais, da negação à raiva, confusão e, espera-se, esperança. Quando o perigo chega inesperadamente, a oportunidade se apresenta de várias maneiras.

Em primeiro lugar, se a lesão falasse, ela nos diria que "algo não vai bem!". É a situação perfeita para você refletir e reavaliar o que está acontecendo na sua vida. O *I Ching* considera essa a hora propícia para "cuidar do corpo e do espírito (...) buscar sabedoria na aceitação dessas situações". Pensar desse modo requer uma mudança de idéia. Por exemplo, você pode tomar a sua lesão ou doença como um modo de o corpo dizer "faça uma pausa". Tomando-as como um período de repouso e recuperação, você poderá sair revitalizado e alcançar níveis mais elevados de desempenho. Enquanto as suas pernas estiverem "paralisadas", exercite o sistema cardiovascular nadando, pedalando e fazendo levantamento de pesos. Muitos atletas ficam positivamente surpresos ao descobrir que podem alcançar níveis mais elevados de aptidão enquanto se recuperam de uma lesão por terem decidido "fazer a coisa certa" sem se machucar.

Sua idéia da lesão ou doença é crucial para o processo de recuperação. Dê-se, por que não?, esperança, uma vez que a maior parte das lesões esportivas e doenças relacionadas com o stress é tratável e eventualmente curável. A falta de esperança cria muita tensão, depressão e ansiedade, o que inibe o processo de recuperação. Esse "efeito secundário" da lesão exacerba ao máximo a situação. A prática de técnicas meditativas (apresentadas em "O Ponto Imóvel", no Capítulo 5) tem-se mostrado benéfica no tratamento desses problemas secundários. Eu costumo ajudar atletas machucados e clientes debilitados sugerindo-lhes imagens mentais positivas e pedindo a eles que sintam o corpo ficando saudável, vibrante e forte. Peço a eles que pratiquem diariamente a seguinte afirmação: "A cada dia, em todos os sentidos, eu me torno mais forte e mais saudável". Essa prática infunde neles coragem e esperança e, com isso, alivia as tensões musculares – o que, por sua vez, contribui para o processo de recuperação. A ciência ainda não sabe exatamente *como* a mente é capaz de fazer isso, mas surgem cada vez mais evidências na literatura médica de que isso ocorre. O doutor em medicina O. Carl Simonton, autor de *Getting Well Again*, tem tido um êxito incrível no emprego de exercícios de visualização com pacientes de câncer. A sua pesquisa revela que existe uma forte correlação entre os resultados po-

LIÇÕES DE ACEITAÇÃO DA ADVERSIDADE

sitivos do tratamento e as atitudes positivas dos pacientes que praticam a visualização em combinação com outras abordagens terapêuticas. Eu recomendo insistentemente aos atletas que façam exercícios de visualização mais ou menos da mesma maneira.

Finalmente, é crucial entender a importância do riso no tratamento de lesões. Será que o adágio dos nossos avós – "Rir é o melhor remédio" – funciona mesmo? O grande filósofo Kant acreditava que o riso produz uma sensação de saúde pela participação de todos os processos vitais do organismo. Freud também achava que o humor era uma importante maneira de mitigar as tensões dos seus pacientes. Talvez o "Buda Sorridente" seja uma imagem a ser imitada por todos nós.

Estudos atuais demonstram que não só o riso, mas também todas as manifestações positivas, especialmente a felicidade, estimulam o cérebro a secretar soporíferos endógenos (endorfinas) que aliviam a dor e a tensão. Quando a pessoa carece de senso de humor e reage negativamente às circunstâncias da vida, ela permite que essas circunstâncias ditem em última análise os seus sentimentos e experiências, dando a elas permissão para fazer com que se sinta infeliz, irritada ou frustrada.

Preocupar-se não vai ajudar a curar uma lesão. Use esse momento difícil para reunir força emocional. Trabalhe para livrar-se da autocomiseração e do ressentimento com o infortúnio. Essa mudança consciente de atitude vai acelerar o processo de recuperação.

LIÇÕES EM FORMA DE AFIRMAÇÕES

- Todo crescimento e desenvolvimento positivo vem acompanhado de adversidades. Com determinação, capacidade de recuperação e perspectiva, eu consigo me sair bem.
- A adversidade é tanto perigo quanto oportunidade. Tenho consciência da importância de ambos.

A ARTE DA GUERRA NOS ESPORTES E NA VIDA

- Nas situações de falta de progresso, ou platôs, eu sigo o curso natural das coisas. Essas situações são partes importantes do meu processo em busca de excelência.
- Todas as minhas conquistas são resultados de uma sólida ética de trabalho e de ter aprendido com os reveses e fracassos.
- A dor de dar tudo de si é muito menor do que a dor de vacilar e ficar aquém das suas possibilidades.
- A perda é minha mestra. Quando perco, nesse sentido, ganho.
- Os meus êxitos são resultados do meu aprendizado com os fracassos.
- O cansaço faz parte da jornada. Todo mundo fica cansado.
- Eu tomo as medidas necessárias para controlar esse demônio.
- Eu uso a lesão como oportunidade para meditar e refletir sobre uma possível mudança de rumo na minha vida.

PERGUNTAS SOBRE A JORNADA:

- Que cinco exemplos de adversidade eu preciso aceitar na minha atividade esportiva e na minha vida?
- Que cinco atitudes eu posso tomar agora para lidar melhor com essas condições adversas?
- Que possíveis oportunidades poderiam surgir no meu caminho como resultado dessa adversidade?
- Que lições eu devo aprender de todas as minhas adversidades?

Capítulo 8

Lições sobre as Virtudes do Campeão

No conflito e na competição, o poder da virtude é maior que o poder das armas.

Deng Ming-Dao, *A Sabedoria do Tao*

O caminho do campeão não é diferente do caminho sagrado do guerreiro nem da jornada em busca da visão dos índios americanos. Esses guerreiros se distinguiam por sua força interior, ousadia mental e independência e lutavam por um bem maior, acima dos próprios interesses. Eles entendiam, como acontece com os campeões, que o combate não é travado apenas no campo de batalha contra um adversário; o combate é também uma arena de batalhas interiores, contra o fracasso, o medo, o cansaço, a frustração, a insegurança e o próprio ego. Eles escolhiam travar esses combates com as "armas do coração". Essas armas são chamadas de virtudes e essas virtudes competitivas são armas mais poderosas do que as próprias armas tradicionais. Essas virtudes são: compaixão, modéstia, persistência, coragem, entrega/fluidez, firmeza, crença, sacrifício e respeito.

Em chinês, a palavra *te* significa "virtude", como no *Tao Te Ching*, o livro clássico da atitude virtuosa. Ser campeão é um ato espiritual de praticar essas virtudes do fundo do coração e de encontrar meios para estar em harmonia com elas e demonstrá-las em todas as arenas da vida. Pela

A ARTE DA GUERRA NOS ESPORTES E NA VIDA

prática dessas virtudes e pela integração delas às suas ações na vida, você aumenta sua vantagem competitiva e se transforma também em um campeão na vida.

MODÉSTIA

Quando o seu exército [do líder chinês Meng-Chih] debandou, ele foi o último a fugir. Ele disse "não foi por coragem que fiquei para trás; os meus cavalos é que foram lerdos".

Confúcio

Quando você compete, existe sempre o risco de se preocupar demais consigo mesmo e da sua competência ou nível de desempenho lhe subir à cabeça. Quem compete tem à sua frente a oportunidade de mostrar os seus talentos, fazer as suas reivindicações e exibir-se. Segundo o Código do Campeão, quanto mais a pessoa tenta parecer competente aos olhos dos outros, mais ela se distancia da sua integridade; o comportamento demasiadamente egocêntrico e voltado para si mesmo cria, por fim, batalhas interiores que levam a uma diminuição da autoconfiança e a um aumento da insegurança.

Eu aprendi com os campeões que, se você começa a tomar consciência e percebe esse envolvimento consigo mesmo, é hora de voltar para uma posição mais modesta. Faça isso dizendo a si mesmo que uma atitude de modéstia despretensiosa traz mais sucesso com o passar do tempo. Por ter essa atitude, você começa de fato a sentir menos a pressão e ansiedade criadas pela imposição de satisfazer grandes expectativas e, com isso, o seu desempenho melhora.

Isso não significa que você não deva se sentir orgulhoso pelas suas conquistas; seja um herói ao vencer ou se sair bem e curta o momento de reconhecimento da vitória. Celebre os seus empenhos, sem perder a consciência de que jactar-se, gabar-se e exaltar-se são atitudes de atletas inseguros e outros que precisam se promover, mas que têm dificuldade para corresponder a essa imagem inflada.

Para assegurar a honra e a glória, preste reconhecimento à grandeza das pessoas ao seu redor. Veja como os outros do seu time, do seu escritório ou da sua família, ou mesmo os seus adversários, retribuem o gesto. Aprender as lições de modéstia ajuda você a se tornar uma pessoa melhor em todos os aspectos da vida. Não há necessidade de fazer qualquer coisa para que os outros percebam a sua grandeza. Isso acontece por si mesmo. Pensando bem, as pessoas costumam ficar pouco ou nada à vontade diante daquelas que se gabam ou jactam. Você já notou alguma vez como a propaganda gratuita das suas conquistas, realizações ou vantagens tende a soar ofensiva, fazendo com que os outros se voltem contra você? Por outro lado, se os outros parecem curiosos, você não deve hesitar em responder às suas perguntas e dar-lhes informações a seu respeito que possam alimentar a conversação. Procure encontrar oportunidades nas quais possa sinceramente afirmar-se e mesmo afirmar os outros. Você ganha muito mais quando se relaciona com os outros com uma atitude modesta e não-egocêntrica.

PERSISTÊNCIA

Mantenha-se fiel à visão interior de desenvolvimento gradual dos potenciais. Evite a pressa. Não dê saltos para a frente às cegas. Desfrute o prazer da antecipação!

Tao Te Ching

A ARTE DA GUERRA NOS ESPORTES E NA VIDA

O campeão sabe que o progresso lento e deliberado é o processo que leva ao sucesso e à boa fortuna. Nada que tem valor ocorre rapidamente e sem grandes esforços. Atingir as suas metas e alcançar o sucesso são resultados da sua persistência e transpiração. O talento responde pela mera parcela de 5% de todas as realizações. Aqueles que parecem ter muito talento foram um dia iniciantes batalhadores. Todos nós batalhamos antes de nos tornarmos realmente grandes. São a persistência e o trabalho árduo que levam à realização e à excelência.

Tornar-se proficiente, seja enquanto equipe, atleta individual ou executivo de uma empresa, requer investimento de tempo em dedicação e excelência, além de persistência diante de todos os reveses. Costuma levar um tempo para que uma equipe, seja na área dos esportes ou dos negócios, chegue realmente a entrosar-se e começar a jogar ou trabalhar bem em conjunto. É preciso ter paciência e dar a si mesmo e à equipe tempo suficiente para poder tornar-se realmente produtivo. Persistindo por alguns anos, os seus componentes vibrarão juntos pela experiência da vitória e do sucesso. Recuse-se a parar, se o progresso for lento, e observe como os resultados enfim começam a despontar no horizonte. Desistir da jornada não faz parte d'O Caminho do Campeão e o melhor da persistência é... que você tem total controle sobre essa virtude. É você, e ninguém mais, que decide desistir ou permanecer nesse processo. Assuma o controle já!

COMPAIXÃO E CORAGEM

Os líderes que permanecem na sua posição de liderança são os mais compassivos; quando dois exércitos se confrontam, aquele que tem compaixão é o que prova o sabor da vitória.

Lao-Tzu

LIÇÕES SOBRE AS VIRTUDES DO CAMPEÃO

A convivência com campeões me ensinou a importância da compaixão em todos os aspectos da vida. No contexto dos esportes, a compaixão se traduz em disposição para jogar e trabalhar com o coração aberto, sendo compassivo para consigo mesmo, os seus treinadores, companheiros, amigos, colegas e adversários. Ter compaixão é ver a vida por uma lente diferente – em alguns casos, pelos olhos dos outros. É uma forma de amor e empatia que alimenta o fogo do coração e une os times; como disse Phil Jackson, é o que permite que o seu time, o campeão Chicago Bulls, mantenha os seus altos níveis de excelência.

Segundo um antigo livro de sabedoria chinesa, o *Tao Te Ching*, a compaixão inflama a coragem interior, dando à pessoa uma sensação de bem-estar e segurança por saber que, assumindo riscos, quaisquer que sejam os resultados ela sobrevive ou progride. Sabendo que a compaixão é um recurso à sua disposição, você tem basicamente permissão para perder – não que você fosse escolher esse resultado – quando demonstra coragem para assumir um risco importante. Com compaixão, você ganha um ambiente interno e externo seguro que o *encoraja* ("infunde coragem") a confiar em si mesmo, no seu time e treinadores, colegas, familiares e amigos e a continuar tentando muitas e muitas vezes diante das adversidades.

Então, temos a coragem, do francês *coeur*, que significa "coração". A coragem permite que você atue e jogue com o coração, seja valente, destemido, tenaz e incansável. Você se torna mais corajoso quando sabe que a compaixão é um recurso disponível se fracassar, cometer um erro ou perder.

Adote a visão contida na expressão zen-budista: "A flecha que acerta o alvo é resultado de uma centena de fracassos". Como atleta ou profissional de outras áreas da vida, é a compaixão que faz com que você continue lançando as flechas quando experimenta os momentos de fracasso, revés e erro na sua jornada. A coragem torna-se a forte parceira emocional e espiritual da compaixão, ajudando você a perceber que não tem nada a perder e tudo a ganhar. A compaixão lhe dá liberdade para assumir o risco, perder e aprender.

Pense em como seria o seu mundo se você se tratasse e tratasse os outros com amor e respeito. Entre "na pele" dos outros e tente entender o seu sofrimento sem julgar. A palavra "compaixão" significa literalmente "sofrer com". Entenda, também, que você é parte de algo maior que você mesmo e que os reveses são parte do processo de aprender a se tornar melhor. Como já vimos (em "O Sucesso do Fracasso", no Capítulo 7), o fracasso é um excelente mestre. Eu vejo como os meus dez maiores sucessos nos esportes são resultados de mil reveses, erros e fracassos. Os grandes times se destacam do rebanho depois de terem sofrido derrotas avassaladoras, porque mergulharam o seu sistema nervoso no caldo da cultura da compaixão.

Essa forma natural e mais branda de encarar os esportes e outras arenas de desempenho e competição ajuda você a ser mais tolerante e a aceitar o fracasso próprio e dos outros, sem deixar de continuar explorando toda a amplitude dos seus potenciais. Como já mencionei anteriormente, só existem dois tipos de atletas e profissionais no mundo: os que fracassam e cometem erros e os determinados. Repita o máximo possível esta afirmação: "Em vez de julgar e criticar a mim mesmo e aos outros, eu escolho colocar o meu coração no prumo e agir com compaixão".

CRENÇA

A maior vantagem do seu adversário interior é você não acreditar na sua vitória final.

R. L. WING, *A Arte da Estratégia*

LIÇÕES SOBRE AS VIRTUDES DO CAMPEÃO

A maioria das pessoas é insegura por duvidar dos resultados; essa incerteza ou descrença é sustentada pela impossibilidade de controlar os resultados de qualquer jogo, evento ou situação. Ninguém sabe disso melhor que um campeão. Embora a pessoa possa não acreditar na sua capacidade de controlar os resultados, acreditar na sua vitória final é essencial se essa vitória for definida como a disposição própria para fazer tudo o que for possível para realizar o seu potencial máximo. Essa crença, segundo R. L. Wing, é o caminho mais seguro para a vitória no jogo interior decisivo, que vai levar também a resultados positivos.

Se você se sente inseguro e descrente, saiba que provavelmente está se concentrando demais naquilo que não pode controlar: os resultados, pontos ou gols marcados. Redirecione o seu foco para as seguintes crenças:

- Acredite em si mesmo. Saiba que você realizou muita coisa. Você tem habilidades, estratégias e talento suficientes para atuar bem. Apresente-se simplesmente no seu evento e ACREDITE que pode demonstrar o seu atual nível de aptidão. Acredite estar em uma posição em que o melhor vai acontecer. Espere divertir-se e desfrutar o processo. Acredite que se sairá melhor devido à experiência.

- Acredite nos companheiros de equipe ou parceiros. Acredite que eles também estão dispostos a fazer tudo que podem para obter o máximo possível da situação. Promova no grupo discussões sobre temas como compromisso e desejo de empenhar-se para dar o máximo de si. Acredite que um está ali para ajudar o outro, especialmente quando as coisas ficam difíceis.

- Acredite que os seus treinadores e líderes tenham as mesmas metas e desejos que você e toda a equipe e que trabalharão incansavelmente para fazer tudo o que for necessário para que cada um realize o seu pleno potencial.

- Acredite que a conquista será sua quando você acreditar em todos os aspectos acima. Espere alcançar níveis elevados de desempenho. Acredite que você terá uma experiência incrível e uma temporada maravilhosa ao colocar você mesmo, os seus companheiros de equipe e colegas em posição para cada um dar o melhor possível de si.

Lembre-se disso: a sua crença determina o que você obtém. Você tem no seu interior, neste exato momento, tudo de que necessita para realizar coisas extraordinárias. Acredite nisso e veja a sua excelência se desenvolver com o tempo. Gostaria que você se lembrasse da experiência do estudioso de aerodinâmica com mamangabas que narrei na Introdução. O pesquisador não conseguiu calcular como o seu tamanho, peso e estrutura podiam permitir que elas voassem. Mas elas têm dentro de si tudo o que é necessário para voar. O mesmo acontece com você (...) é só acreditar e começar.

ENTREGA/FLUIDEZ

Aqueles que são firmes e inflexíveis
Estão em harmonia com a morte.
Aqueles que se entregam e são receptivos
Estão em harmonia com a vida.
A posição dos altamente inflexíveis descerá;
E a posição dos submissos e
receptivos ascenderá.

Tao Te Ching

Para o taoísta, a água é o elemento que melhor expressa o poder da entrega ou da fluidez. De acordo com o *Tao Te Ching*, nada na vida se entrega mais prontamente do que a água e, por isso, ela é forte e amolece a pedra dura.

O Caminho do Campeão no atletismo rende-se às forças contrárias por meio da adaptação à mudança. Por exemplo, se um adversário começa a exercer pressão intensa e a atacar repentinamente, você pode reagir, porque na sua preparação você aprendeu a ser flexível. Você precisa imitar a água e seguir nas direções que lhe trarão vantagem. Sun-Tzu recomenda que sejamos criativos e flexíveis e, também, que nos recusemos a conceder permissão a estratégias preconcebidas que nos impeçam de fluir, flexibilizar e fazer ajustes prudentes. A espontaneidade é a chave para o sucesso nessas circunstâncias.

Na arte marcial do aikidô, a habilidade para render-se às forças opostas é crucial; o objetivo é amortecer o ataque por meio da fusão com sua força e do uso dessa energia do ataque em vantagem própria. Pela harmonização das forças contrárias, a vantagem passa a ser sua no conflito. Isso não é diferente do objetivo de um atacante no futebol que utiliza a força do adversário em vantagem própria, cedendo passagem e deslocando o adversário para o chão. Note também como a filosofia do aikidô funciona bem em uma situação de conflito em uma relação pessoal. Submeta-se a ouvir e entender (mesmo que não concorde) o ponto de vista da outra pessoa. Essa estratégia costuma desarmar completamente a outra pessoa e, assim, o conflito se resolve mais rapidamente.

Renda-se à perda, renda-se ao ferimento e a todos os tipos de conflito... seja fluido, maleável e flexível. Isso vai ajudá-lo a desenvolver uma vantagem mental clara sobre aqueles que são psicologicamente rígidos ou resistentes. A resistência a qualquer coisa cria tensão, ansiedade e stress e esses obstruem o potencial da pessoa. Aprenda a lição da natureza: enquanto os galhos rijos das árvores quebram-se durante uma tempestade, os ramos flexíveis dobram-se de um lado para outro e saem ilesos. Na tradição chinesa, o bambu significa grande força, por dobrar-se facilmente ao vento. Ele floresce no inverno, a estação mais severa, e mesmo assim é a mais versátil das plantas, utilizada como alimento, papel, abrigo e remédio na China.

FIRMEZA

O campeão nos ensina que nem sempre podemos ser fortes. Queremos nos apresentar para desempenhar o melhor possível, queremos ser rápidos e ter uma ótima aparência, mas na realidade nem sempre somos capazes de fazer tudo isso. O que ajuda os campeões nos momentos de frustração, discórdia, incerteza e decepção é a virtude da firmeza, um sentimento calmo de força e confiança em si mesmos, uma confiança e uma fé profunda, além de uma disposição constante ou até obstinação para prosseguir.

Para os atletas, a firmeza é muitas vezes o ingrediente que os faz superar um fracasso, um período de jogo de fraco desempenho, o inesperado, um período de azar, um resultado decepcionante, uma série de lesões ou a eliminação de uma partida decisiva.

Também para situações de crise no relacionamento com amigos ou familiares, pela rejeição do seu manuscrito por um editor e quaisquer outras circunstâncias difíceis, a firmeza é a resposta. Essa potente arma espiritual salvou inúmeros grupos de pessoas em todo o mundo, que continuam existindo culturalmente por terem se recusado obstinadamente a desistir.

Lembre-se de como o bambu se dobra ao vento e sobrevive, enquanto o enorme e forte carvalho se quebra. A firmeza é a capacidade de se dobrar ao sabor do vento, para suportar as agruras da vida e enfrentar as batalhas dentro e fora das quadras; é a capacidade de se erguer e se firmar sobre os próprios pés a cada derrota.

Para ter firmeza, pense no que é ser valente. Os esportes, como as outras situações da vida, impõem desafios ao seu caminho que são convites para você desenvolver sua bravura. Por exemplo, para conquistar sua quinta vitória consecutiva do *Tour de France,* Lance Armstrong teve de enfrentar várias colisões, desidratação, dores resultantes de longos períodos sentado, equipamento quebrado – sem mencionar os Pirineus e os outros 197 ciclistas –, demonstrando sua virtude da firmeza. A firmeza de Lance não é diferente da daquela avó de 70 anos que entrou no seu apartamento em chamas para salvar o seu gato.

Ser valente é o espaço espiritual de quem demonstra coragem, assume riscos durante um evento e é forte diante da dor. Para se inspirar nesse sentido, olhe ao seu redor durante um jogo e você verá um companheiro de equipe demonstrando a sua valentia. Imite esse atleta por um tempo. Em seguida, volte a olhar ao seu redor e veja como outros estão imitando você. A bravura é parte integrante da firmeza. A firmeza tem vencido guerras mundiais – ela pode ajudar você a resistir e a obter sucesso na sua atividade esportiva, na sua carreira profissional e na sua vida.

SACRIFÍCIO

Os campeões sacrificam e exigem mais de si mesmos, enquanto os outros atletas permanecem dentro dos seus limites de comodidade, evitando tudo que traga desconforto – especialmente tudo que envolva ampliar os limites para alcançar níveis mais elevados nas suas atividades esportivas. Eles recusam o sacrifício e o sofrimento, levando uma vida sem riscos. Nos seus limites de comodidade, eles permanecem estagnados.

Lembre-se desta verdade: quem faz todos os dias o que sempre fez nunca vai evoluir. Quem se sacrifica e exige mais de si continua evoluindo. O seu desempenho nos treinos, jogos, competições e negócios está ou abaixo ou acima do nível de excelência. Estar acima dele exige sacrifício e sofrimento. Você tem que escolher onde quer estar. Se deseja ter uma mudança positiva – melhorar o seu desempenho –, você é a única pessoa que pode fazer isso, por sua disposição de fazer o sacrifício apropriado.

A seguinte afirmação vai ajudá-lo a se manter em contato com essa virtude: "Eu me recuso a simplesmente realizar os movimentos. Estou disposto a sacrificar e exigir mais de mim mesmo, por *respeito* e *orgulho*, e me comprometo a cumprir essas exigências impostas por mim mesmo".

RESPEITO

Respeito pelo jogo, por si mesmo, pelos companheiros de equipe, pelos treinadores e pelos adversários é uma virtude praticada por todos os campeões, estejam eles entre os melhores ou sejam praticamente desconhecidos. O desrespeito é para eles imperdoável dentro e fora das quadras.

Quin Snyder, diretor técnico da equipe de basquete masculina da Universidade de Missouri, reconhece a importância do respeito como virtude dos atletas campeões. Ele tem uma regra e insiste em impô-la ao seu time: DEMONSTREM RESPEITO. Se um dos seus atletas chega atrasado a uma sessão de treinamento, não sabe dos jogos, não se empenha, falta às aulas, tem notas baixas, veste-se ou comporta-se inadequadamente, ele não está se mostrando respeitoso.

Na primeira temporada de Quin como diretor técnico, um dos seus principais jogadores reclamou durante o treino, quase como se fosse para testar o novo técnico. A insatisfação do jogador era evidente, mas sua abordagem era inaceitável. Em vez de reagir a partir do seu ego e punir o atleta diante dos seus companheiros, Quin encarou em silêncio o jogador por dez segundos (o que pareceu uma eternidade para todos na quadra) e, em seguida, retomou o treino. Depois do jogo, Quin e o seu jogador tiveram um encontro cara a cara. O treinador disse então ao jovem jogador: "Eu entendo a sua insatisfação, mas não vou tolerar esse tipo de manifestação". Com lágrimas de arrependimento, o atleta pediu desculpas. Por respeito ao atleta e ao time, Quin demonstrou sua força, o seu controle e o seu foco ao jogador e a todos na quadra naquele dia. O respeito do time pelo seu novo treinador cresceu imensamente.

A questão central a ser enfatizada é que o respeito mútuo é essencial para o alto nível de desempenho. Vencer é difícil, incerto e volátil na ausência de respeito. Os campeões, mesmo que não sejam vencedores, sabem que sem respeito jamais o serão.

O respeito, no seu sentido mais universal, é algo que diz respeito às suas relações com todos os aspectos e esferas dos esportes e da vida. Uma relação saudável consigo mesmo é demonstrada pelo respeito à integridade e pelo uso de afirmações positivas, enquanto se visualiza a si mesmo sendo o melhor que pode ser e fazendo tudo o que tem que fazer. Nas suas relações com os companheiros de equipe, colegas de escritório e familiares, você mostra respeito pela comunicação, o perdão e o incentivo a cada um dar o melhor de si. A sua relação com o treinador, empresário ou chefe, se baseada na confiança e na lealdade, torna-se uma relação de respeito mútuo. E há ainda o respeito pelos adversários, baseado em uma relação de compaixão e parceria na busca de ambos pela excelência individual e coletiva. Sun-Tzu recomenda que se tome esse respeito em um sentido mais profundo, dando ao adversário a oportunidade de perder com dignidade. Por exemplo, substituindo os atacantes por atletas do mesmo nível do time adversário quando a partida já está praticamente decidida. E jamais pressionar um adversário de-

A ARTE DA GUERRA NOS ESPORTES E NA VIDA

sesperado. E, por fim, a sua relação com o jogo, baseada no respeito pelo que ele ensina, bem como pela oportunidade de crescer e evoluir nessa sala de aula microcósmica da vida.

O verdadeiro respeito é conquistado quando você demonstra as qualidades sólidas e virtuosas do campeão. Para isso, é preciso que você respeite os outros como gostaria de ser respeitado.

LIÇÕES EM FORMA DE AFIRMAÇÕES

- Eu estou ciente da capacidade que a modéstia tem para, com o tempo, trazer sucesso.
- Eu não hesito em reconhecer as pessoas ao meu redor.
- Minha capacidade de persistir quando tudo parece desanimador me permite agir como um campeão.
- Minha jornada de campeão é repleta de compaixão por mim mesmo, pelo meu time e pelo meu adversário.
- Eu tenho coragem para assumir riscos positivos e, com isso, melhorar.
- Os meus reveses e fracassos são os meus professores.
- Como eu consigo ser maleável como o bambu, tenho uma vantagem mental sobre todos os que são rígidos.
- A firmeza é a capacidade de demonstrar minha força serena.
- Eu confio que, independentemente das circunstâncias, conseguirei resistir.
- Quando eu exijo mais de mim mesmo, demonstro que estou levando a sério a elevação do meu nível de desempenho.
- Como campeão, eu demonstro respeito por mim mesmo e pelos outros.

| 130

PERGUNTAS SOBRE A JORNADA:

- Quando você tende a demonstrar falta de compaixão para consigo mesmo e os outros? O que você pode fazer concretamente para mudar isso?
- Que cinco coisas você pode exigir de si mesmo esta semana que estimularão o seu melhor desempenho?
- O que você faz diariamente que demonstra respeito por si mesmo, pelos seus companheiros de equipe, colegas de trabalho e familiares?

Capítulo 9

Lições sobre os Contrários

Toda existência é circular, um processo Yin-Yang no qual o preto e o branco fundem-se em um cinzento vívido.

Deng Ming-Dao, *A Sabedoria do Tao*

Uma das características do campeão é a sua capacidade de pensar fora dos esquemas convencionais da sociedade, segundo os quais, quando existe uma escolha entre duas forças opostas, há uma forte atração gravitacional para uma ou para outra. As mentes ocidentais foram condicionadas a pensar de maneira dualista: ficamos mais à vontade entre as diferenças e os contrários. Por exemplo, você não é nem campeão nem novato, nem bonito nem feio, nem simples nem complexo, nem afiado nem embotado. O Tao, entretanto, não faz distinção. Algo não é yin ou yang, mas ambos simultaneamente. O bambu, repito, é forte e delicado, suave e duro. O mentor-professor é um aluno, uma vez que o aluno ensina o professor a fazer bem o seu trabalho.

No atletismo, entender o paradoxo sutil pode ampliar a sua vantagem competitiva. Um campeão é um iniciante, disposto a descobrir todo o seu potencial. Um campeão é tanto ganhador quanto perdedor, como já vimos claramente em "O Sucesso do Fracasso" no Capítulo 7. Entender os mistérios desses paradoxos ajuda você a desenvolver a sua capacidade e atingir níveis mais elevados de participação no atletismo.

Por exemplo, se você é demasiadamente yang, ou seja, demasiadamente voltado para os resultados, pode ficar nervoso, tenso, ansioso e estressado. Isso, por sua vez, pode levá-lo a cometer erros e sofrer reveses e possíveis doenças e lesões, por se recusar a escutar o que a natureza está lhe dizendo. Se você é demasiadamente yin, ou seja, passivo ou inibido, você pode tornar-se tímido e indeciso. Isso pode, por sua vez, resultar em hesitação e insatisfação por deixar de realizar os seus potenciais.

Quando você integra essas duas forças aparentemente opostas, está equilibrando as correntes yin e yang que mantêm o corpo sintonizado e em harmonia com o verdadeiro processo natural da atividade esportiva. Fazendo isso, você aprende a desenvolver o ritmo certo e a ter mais disposição para deixar o "jogo" vir a você e deixá-lo evoluir no seu próprio ritmo e tempo. Nesse plano de consciência, há lugar tanto para a agressividade quanto para a passividade, para a aceleração e a desaceleração. O atleta campeão entende essa necessidade de neutralizar a dualidade e utiliza-a para ganhar vantagem em todas as arenas competitivas.

Você está prestes a ver como o processo de desacelerar pode ajudá-lo a chegar antes, como a flexibilidade é força, como menos é mais, como o corpo pensa e a mente dança, como o esforço pode ser sem esforço e como você ainda pode ter limites a transpor. Só para relembrar, quando perdemos, na verdade ganhamos. E por aí vamos.

MAIS LENTO É MAIS RÁPIDO

Você consegue se imaginar contemplando a beleza das flores enquanto se precipita ladeira abaixo na sua *mountain bike?* A maior parte das situações que vivemos exige que adaptemos o nosso ritmo à tarefa que estamos realizando. Nós nos habituamos tanto a um ritmo acelerado que a mera idéia de desacelerar nos assusta. O meu filho de 20 anos quer que eu invista uma grande quantidade de dinheiro em um novo sistema de computação que vai me fazer economizar 35 segundos cada vez que eu entrar na internet. Não basta que o meu dinossauro de 6 anos de idade obtenha em um minuto a mesma quantidade de dados que teria exigido uma semana para o meu pai coletar.

Ser campeão significa ter paciência para permitir que a mudança, o crescimento e o progresso ocorram quando tiverem de acontecer, não quando achamos que deveriam. O Tao estimula uma observação calma do curso natural das coisas. A maior parte do seu potencial costuma se desenvolver de maneira gradual. A paciência, de acordo com Lao-Tzu, é a capacidade de aceitar o curso lento da jornada.

John Wooden, sábio e dedicado treinador de campeões, recomenda que evitemos querer avanços rápidos. Quando se progride um pouco a cada dia, grandes mudanças acabam ocorrendo. É o único jeito de elas ocorrerem e, portanto, de serem duradouras.

Quando treinava para participar de corridas de longo percurso em Boulder, no Colorado, eu queria acelerar o processo para me tornar um atleta de categoria nacional. Para conseguir isso, treinava três vezes por dia, sete dias por semana. Depois de quatro meses consecutivos dessa insanidade, o meu corpo simplesmente desmoronou e eu entrei em colapso físico e mental. Fiquei afastado da minha prática esportiva por seis meses e continuei despencando no abismo. Uma vez recuperado, precisei de mais um ano para recuperar o meu nível anterior de aptidão física, mental, emocional e espiritual. Aqueles 18 meses me ensinaram que eu tinha que mudar de ritmo: desacelerar para poder acelerar. Eu aprendi a ouvir as mensagens do meu corpo e da minha mente, falando de cansaço, sensibilidade, tensão, dor, falta de motivação ou de entusiasmo e perda de autoconfiança e de concentração. Hoje eu tenho que lembrar a mim mesmo que pelas qualidades do movimento contínuo, deliberado, firme e lento, a tartaruga chega antes do que a lebre, mais veloz, porém menos constante.

Sun-Tzu, em *A Arte da Guerra*, recomenda que primeiro se observe o curso natural das coisas e só depois se aja de acordo com ele. Isso requer de você uma constante vigilância enquanto monitora o seu progresso com respeito aos níveis de energia, cansaço, sensibilidade, deterioração, colapso, platôs, esforço vigoroso, entusiasmo e esgotamento. Excesso de exercício e excesso de velocidade, a típica doença da "pressa" que invariavelmente resulta em lesões, doenças, esgotamento ou depressão – o modo de a natureza pedir que você desacelere, reavalie o processo e faça uma pausa. Esse é O Caminho do Campeão.

NÃO FAZER É FAZER

> *O sucesso é muitas vezes obtido como resultado de não se travar o combate; a estratégia está tanto no saber o que não fazer quanto no saber o que fazer.*
>
> Sun-Tzu

Eis a arte de não fazer, pela qual a sabedoria do Tao nos ajuda a entender que "menos é mais". O Caminho do Campeão encoraja você a entrar em combate quando os outros estão vulneráveis e a não entrar quando você está vulnerável. O campeão descobre com isso a vulnerabilidade do fazer em excesso e quando deve ser moderado.

A tentação de se exceder nos esportes e na vida é muito sedutora e atrativa. Mas tudo o que você ganha como resultado do excesso é drasticamente perdido com o acúmulo de pressão, tensão, stress, desequilíbrio e cansaço, criando um débito que precisa ser compensado com tempo para descansar, se não quiser acabar tendo que pagar o preço do fracasso, dos reveses e do esgotamento.

A ARTE DA GUERRA NOS ESPORTES E NA VIDA

Mike, um atleta consciencioso, pratica a corrida há vinte anos com o propósito único (que se tornou sua obsessão) de correr uma maratona em no máximo três horas. Ele corria todos os dias a passos rápidos, fazia longas caminhadas semanais de trinta quilômetros ou mais. Ele chegou ao tempo mínimo de três horas e oito minutos, um frustrante "errou por pouco" ou "quase", mas sem direito a prêmio. Recentemente eu sugeri a ele que considerasse seguir um programa mais moderado, de 80 a 96 quilômetros por semana, em vez dos seus costumeiros 120 quilômetros, com uma corrida de longo percurso a cada duas semanas. Ele agora tira folga um dia por semana e força o ritmo em apenas duas corridas semanais. Está agora convencido de que não fazer tanto é, na verdade, fazer mais, uma vez que conseguiu recentemente bater o seu próprio recorde, completando um percurso difícil em 2 horas e 57 minutos.

Muitos atletas que treinam diligentemente estão começando a perceber que não fazer muito traz não só vantagens espirituais e psicológicas mas também alguns importantes benefícios fisiológicos. Por exemplo, experimente correr, nadar, pedalar ou caminhar dia sim, dia não, em vez de todos os dias da semana, e dê ao seu corpo e mente a chance de se recuperar. Você pode começar a colocar em prática a máxima "contrair e soltar" para o condicionamento físico, alternando dias de exercícios e dias de total repouso. Se você está constantemente cansado e o nível geral do seu desempenho está baixo, tente reduzir o tempo de exercícios diários e observe a melhora.

Um talentoso jazzista me disse certa vez que a música realmente boa é resultado de um *intervalo entre as notas*. O intervalo faz a música ser o que ela é. Os intervalos musicais não representam falta de ação, mas são parte integrante da ação. O mesmo acontece com o seu esquema de treinamento. Alcançar a boa forma, estar na sua melhor forma seja qual for o seu esporte ou carreira profissional, é resultado do *descanso* (pausa)

| 136

LIÇÕES SOBRE OS CONTRÁRIOS

ou intervalo entre os períodos de trabalho. A sua estrutura celular é frágil e requer períodos de descanso. Como campeão, você precisa aprender a levar o seu corpo à boa forma com carinho e não com esforço excessivo.

Pode-se argumentar que para quem quer chegar à categoria mundial em qualquer área da vida não há espaço para a moderação. Muitos acreditam que se alcança a excelência por meio do excesso. Multidões de atletas dedicam cada hora das que passam acordados ao treino. Executivos de grandes empresas são conhecidos pela dedicação de 60 a 70 horas por semana ao aperfeiçoamento da carreira. Eles podem conquistar o ouro ou o contrato de promoção, mas também correm o risco de perder em outras áreas da vida. Por exemplo, muitos jovens tenistas, patinadores e ginastas promissores perdem o equilíbrio nesse processo, abandonando a escola, optando por cursos por correspondência para que possam dedicar a vida às suas obsessões. A vida deles se torna artificial, um solo emocionalmente devastado pelo excesso, longe do processo natural de maturação da adolescência. Poucos desses jovens atletas chegam a alcançar o sucesso; muitos outros acabam estragando a própria vida. Mesmo no caso dos que se saem bem, o sucesso acaba cobrando o seu tributo de muitas outras maneiras.

Em uma Olimpíada recente, perguntou-se a um nadador americano ganhador de medalha de ouro: "Onde você pretende chegar agora?". "Longe das piscinas", foi a resposta instantânea dele. Ele continuou relatando tudo o que havia sacrificado no seu caminho para a fama e insinuou que pode não ter valido a pena. Ele se queixou da falta de moderação e equilíbrio em sua vida. E mostrou-se ansioso por "não fazer" nenhum esforço.

Nos esportes, como em outras áreas da vida, a mente pode impor ao corpo mais do que ele pode fazer, mas o corpo e a saúde acabam tendo a última palavra. A sabedoria do *Tao Te Ching* ajuda a superar essa tendência por meio da moderação. Os símbolos caligráficos chineses que formam a palavra moderação apontam para o centro, impedindo o excesso e, ao mesmo tempo, neutralizando os opostos: "Menos é mais".

PEQUENO É GRANDE

Há um ditado maravilhoso que me ajuda a focalizar o que é importante na minha vida atlética e pessoal: "De pequenos riachos surgem os grandes rios". Essa frase que tem muito de zen repercute os sentimentos do treinador John Wooden: "Com o passar dos anos, eu fui ficando cada vez mais convencido de que a atenção aos pequenos detalhes faz toda a diferença entre ser campeão e quase campeão". Ele fala sobre o foco em todas aquelas pequenas coisas que fazem alguém jogar bem, diferentemente do foco em pontos ou posições. E que quando são feitas, seja nos esportes ou na vida, coisas boas acontecem. Por exemplo, um atleta me contou que estava tão concentrado em demonstrar as pequenas coisas que não percebeu que o seu time de basquete estava a ponto de vencer o adversário por 25 pontos.

Os trechos a seguir são de uma correspondência por e-mail entre mim e uma jogadora de basquete de uma equipe universitária sobre as suas preocupações com resultados, pontos e posições à custa das pequenas coisas:

"Vicki, no dia do jogo medite pela manhã, se for possível. Continue se visualizando e se sentindo fazendo as pequenas coisas. Repasse, muitas e muitas vezes na sua cabeça, o seu 'filme mental iluminado'… isto é, as cenas em que você dá o melhor de si. Entre no jogo NÃO para marcar pontos (me parece que você ainda faz isso), mas para demonstrar todas as pequenas habilidades e táticas que você SABE poder controlar. Concentre-se APENAS em fazer coisas boas... atacar quando for a hora, mas parar de tentar obter pontos, lances etc. Mantenha-se em contato com a sua valentia, coragem e deliberação, bem como com o seu amor pelo JOGO, e esqueça o seu treinador, o seu pai, a mim e as suas companheiras de equipe...OK?"

A resposta dela: "Olá, Jerry, como vai? Nesta última semana eu fiz alguns treinos importantes e quando jogamos no sábado joguei bem, me senti de volta a mim mesma e, mais importante, me diverti muito. Mesmo os meus amigos e familiares que assistiram ao jogo disseram que eu parecia ter voltado a me divertir. Obrigada pelo conselho. O negócio é realmente dar importância às pequenas coisas, não é mesmo?".

Sim, Vicki, não apenas por você, mas por todos nós que atuamos em todos os outros palcos da vida. Na verdade, eu observo que fazer de maneira sólida e consistente as pequenas coisas supera as táticas brilhantes aplicadas ocasionalmente e apenas de maneira marginal. Os treinadores continuam a me dizer que o maior obstáculo ao sucesso do time é sua recusa persistente a fazer as pequenas coisas. Para ajudar você a entender essa idéia de pequenos riachos e grandes rios, responda à seguinte pergunta: quais sãos as de cinco a dez pequenas coisas no seu jogo, trabalho ou família que, se realizadas corretamente, fariam você se sentir feliz e bem-sucedido com aquilo que faz? Anote essas pequenas coisas em uma ficha e inclua-as diariamente na afirmação: "Quando eu.............. (preencha o espaço com "as coisas anotadas"), crio muitas oportunidades para experimentar o sucesso, independentemente do resultado".

ADVERSÁRIOS SÃO ALIADOS

No começo deste livro eu enfatizei a importância de conhecer os seus adversários para obter a vantagem de possível vitória sobre eles. Existe uma outra idéia mais profunda e mais desenvolvida que tem a ver com conhecer os seus adversários como parceiros ou aliados em uma relação de cooperação. Essa relação transforma-se em uma parceria na qual um oferece ao outro o que tem de melhor, para ajudar um ao outro a extrair o melhor de si.

Lembre-se de que a palavra "competição" é derivada da raiz latina que significa "buscar juntos". Quando eu vejo a minha relação com os adversários como sendo de parceria, eu procuro atacá-los com o máximo da minha força, dando-lhes a oportunidade de reagir mostrando o melhor de si. Qualquer coisa menor do que o meu ataque mais feroz é sinal de desrespeito e eu deixo de ser, de acordo com a terminologia zen, "um adversário à altura".

Eu me lembro de ter participado de uma competição nacional de corrida *cross-country* envolvendo um percurso de quinze quilômetros em Houston, no Texas. Muitos dos corredores falavam de como poderiam vencer os seus rivais mais próximos. Eles aludiram ao instinto assassino e a como era importante competir bem. Quando eu me aproximei do corredor considerado favorito antes de iniciar a corrida, eu o provoquei dizendo: "Espero que você faça uma ótima corrida". Perplexo diante dessas palavras, o favorito perguntou por que eu estava fazendo isso. Ao que eu respondi: "Quanto melhor você correr, melhor eu também vou correr". O favorito venceu a corrida e eu fiquei em terceiro lugar, atingindo o meu tempo recorde para o percurso – e, ao mesmo tempo, empurrando o vencedor para uma das suas vitórias mais importantes.

LIÇÕES SOBRE OS CONTRÁRIOS

Eu estava sendo simplesmente um "adversário à altura", ajudando o adversário a melhorar o seu desempenho e desempenhando o melhor de mim por causa dele. Por isso, a nossa relação se fortaleceu de muitas maneiras. Pelo seu subseqüente encorajamento e palavras amáveis, eu alcancei níveis que jamais havia imaginado ser possível. Nós dois tivemos a oportunidade de nos conhecer, conhecer os nossos pontos fracos e fortes, e usar essas informações para competir juntos em níveis mais elevados. Eu amei esse adversário; por que tantos de nós desperdiçam energia física e emocional para odiar os concorrentes? Por que apostar no seu fracasso? Pode parecer vantajoso, mas a longo prazo o campeão sabe que essa forma de encarar as coisas é contraproducente, uma vez que a raiva, o ódio e a coerção diminuem a sua capacidade de concentração, dispersam a sua energia e levam à sua derrocada.

Lembre-se de mudar a sua atitude mental agora: considere todos os concorrentes no atletismo e nos negócios como parceiros que, pelo seu trabalho e desempenho notáveis, o ajudam a se entender melhor e o desafiam a demonstrar o melhor de si mesmo. Comece a perceber a intensa conexão e relação com o seu adversário tanto do mundo das competições atléticas como das outras arenas da vida. Por exemplo, no seu próximo treino de ciclismo veja o seu grupo como uma parceria. Quanto melhor eles pedalarem, melhor também acabará sendo o seu desempenho. Sinta as vantagens de trabalhar juntos nas atividades atléticas e nos negócios, em uma competição sinérgica que provê um superávit de energia para o desempenho positivo. Conheça o seu adversário dessa maneira nova e estimulante, não só como concorrente mas também como parceiro ou aliado.

SUAVE É FORTE

Você pode achar que um músculo flexível não seja forte, mas, como com os outros paradoxos, o contrário é verdadeiro. Tente fazer três movimentos para contrair os braços, tornando-os o mais tesos e rijos possível. Relaxe, deixando os músculos soltos, porém firmes, e repita o processo. Essa última seqüência foi provavelmente mais fácil.

Da próxima vez que você fizer levantamento de peso, não se esforce demais. Relaxe os músculos, respire profundamente e erga os pesos gradualmente com suavidade e firmeza. Consegue notar a diferença?

Subir ladeiras correndo é a mesma coisa. O meu filho de 12 anos estava participando pela primeira vez de uma corrida *cross-country* e eu estava parado na base do único morro que fazia parte do percurso da corrida, quando ele passou por mim em quinto lugar e eu gritei: "Bren, relaxe os ombros e os olhos". (Nós tínhamos falado sobre essa estratégia durante o aquecimento.) Ele deixou todos os corredores para trás naquela subida e manteve a liderança até a vitória na sua primeira corrida.

Os campeões sabem que 90% de esforço "mais brando" às vezes produzem resultados melhores, mais rápidos e mais potentes do que esforçar-se ao máximo. Há alguns anos o treinador campeão de corrida Bud Winter, da Universidade Estadual de San Jose, conseguiu aumentar a velocidade dos seus corredores da classe *Stallion* fazendo-os relaxar e amolecer o corpo. Correndo com 90% de esforço, os campeões olímpicos John Carlos e Tommy Smith tornaram-se os baluartes do que acabaria ficando conhecido como "Speed City". É preciso relaxar para poder maximizar, por assim dizer. Ranger os dentes e apertar as mãos cria tensão muscular e inibe o desempenho. *A Arte da Guerra* lembra que o atleta calmo, sereno e relaxado é o que vence, e isso vale para quase todos os campos de atuação.

Eis um fato para se refletir: quando envelhecemos, os dentes, que são duros, ficam frágeis e quebradiços; a língua, que é mole, resiste. Jogue uma massa dura contra a parede e observe-a se rachar. Cozinhe-a, amoleça-a e observe como ela se gruda à mesma parede. Encontre meios de "amolecer" a sua postura e seja mais forte em qualquer arena da vida.

ESFORÇO SEM ESFORÇO

Siga o caminho da menor resistência se quiser ser vitorioso.

Sun-Tzu

Como acontece com os paradoxos e opostos acima, eis um conceito diametralmente oposto a tudo o que você aprendeu sobre competições esportivas e conquistas em todas as áreas da vida: o modo mais eficiente de alcançar o triunfo é por meio de estratégias táticas que eliminam ou minimizam o conflito e a resistência. Essa antiga sabedoria é a essência de *A Arte da Guerra*. Ela é conhecida como a arte do esforço sem esforço.

Por exemplo, quando faz um esforço para descer uma trilha pedregosa pedalando uma *mountain bike,* você procura encontrar o "curso" mais fácil – aquele que oferece menos resistência e exige a menor quantidade de esforço. Esse curso nem sempre é a distância mais curta entre dois pontos, mas é o que leva você em segurança até a base, rapidamente, e com a menor quantidade de dificuldade, resistência ou conflito. É uma abordagem que requer que você aplique muito menos esforço e que se renda às forças da natureza, em vez de enrijecer-se e aniquilar-se no caminho. Em chinês, esse paradoxo do esforço sem esforço é chamado de *wu-wei,* que significa "não faça nada que não seja natural". Não é natural empurrar, forçar ou brigar com o curso. Funda-se sem fazer esforço com todas as forças e o seu esforço torna-se sem esforço.

A ARTE DA GUERRA NOS ESPORTES E NA VIDA

Nos esportes, o campeão adota esse princípio e sabe que a rigidez se instala quando ele se esforça ao máximo. Quando quiser ir mais rápido ou subir com mais impulso, não force a barra. Relaxe e concentre o seu esforço na execução do movimento fluido e tecnicamente correto. Menos esforço cria mais resultado. Por exemplo, digamos que você esteja tentando pedalar por uma subida íngreme. Em vez de aplicar o "esforço forçado", imagine-se deslizando em vez de forçando-se para cima, com balões de gás imaginários nos ombros que transportam você suavemente para o alto.

Se você se pegar tentando sair-se bem em um evento, concentre-se no prazer e no entusiasmo pelo que está fazendo, no processo de como pode desempenhar bem nesse momento. Empenhe-se menos por resultados e note como as coisas ficam mais fáceis. Diga a si mesmo que está trabalhando ou competindo pelo prazer de colocar em prática um plano bem elaborado; não insista nos resultados. Você praticamente tem que "não se preocupar" – sem, no entanto, ficar totalmente despreocupado no delicado equilíbrio do esforço sem esforço. Os praticantes de artes marciais sabem há séculos que quanto menor o esforço mais eficientes eles serão em tudo o que fizerem.

Vale a pena lembrar que o peixe sabiamente nada corrente abaixo, tomando o curso que exige menos esforço. Busque o caminho que oferece menos resistência e você conquistará a vantagem.

DENTRO É FORA

Pensando bem, todos os acontecimentos externos parecem ser meros reflexos do que está em ação no seu interior. Por isso, temos o paradoxo: O que está acontecendo dentro é na realidade o que está acontecendo fora. De acordo com o Tao, tudo o que começa dentro cria o "efeito reverberação" para fora, tocando todas as coisas no seu rastro. Como esse conceito afeta você em termos práticos?

Como campeão nos esportes ou na vida, quanto mais bem-sucedido você se sente internamente, exercendo o controle sobre as dúvidas a respeito de si mesmo e tendo uma poderosa consciência de si, menor a sua necessidade de ser bem-sucedido externamente. Quanto menor a sua necessidade de sucesso exterior, menor será o nível de stress, tensão e ansiedade que você irá sentir. Quanto menor o seu nível de stress, tensão e ansiedade por ter que vencer ou alcançar o sucesso, mais relaxado e focado você fica e, nessas condições, estará mais apto a ser bem-sucedido externamente. O que eu observo em todos os campeões é que, quando a paz interior e a alta auto-estima fazem parte das suas jornadas, mais condições eles têm de atingir o máximo de sua capacidade. Conteúdos internos positivos criam coisas externas positivas e vice-versa. Dentro é realmente fora. Toda a grandeza, bem-estar e sucesso começam dentro de você.

CORPO PENSANTE, MENTE DANÇANTE

Ou é o contrário? O corpo dança e a mente pensa. Eis um outro paradoxo que faz você de repente parar e dizer... isso não pode ser. Ou será que pode?

Para encerrar este capítulo, quero falar resumidamente sobre o meu *best-seller* em co-autoria com Chungliang Al Huang, *Thinking Body, Dancing Mind*, no qual nem uma única vez eu comentei o significado desse título provocativo. Essa é uma ótima maneira de demonstrar a lição dos contrários.

Em primeiro lugar, como atleta, o seu treinamento esportivo possibilitou que o seu corpo desenvolvesse uma memória muscular ou inteli-

A ARTE DA GUERRA NOS ESPORTES E NA VIDA

gência inata devido às repetições constantes de movimentos, ações e habilidades familiares. Esse é o "corpo que pensa", o corpo que responde instintivamente a uma variedade de circunstâncias físicas. Lançar uma bola de basquete envolve muitas respostas mecânicas de determinados músculos. O corpo "sabe" como executar um arremesso sem que a mente necessite pensar sobre como ele é feito. A mente, por sua vez, dança com o conhecimento do corpo quando ele se detém como reação a críticas ou julgamentos e o resultado é uma interação harmoniosa. Às vezes a mente pensa: "Oh, não, está doendo", ou "eu estou fedendo", ou "eu não posso", ou "eu não mereço isso...". E assim a mente crítica e negativa sabota tudo que o corpo tenta fazer a partir da sua base de conhecimento e, em vez de dançar, começa a pensar demais.

O campeão coloca em prática a abordagem "corpo que pensa, mente que dança" sem questionar. O campeão que consegue fazer isso tem a vantagem competitiva. Você também pode colocá-la em prática por meio de afirmações positivas e de visualizar-se jogando o seu esporte como você sabe... confiando no seu corpo. Essas afirmações e visualizações irão manter você nos trilhos.

LIÇÕES EM FORMA DE AFIRMAÇÕES

- Eu me movo de maneira deliberada, consistente e constante, e chego na hora certa.
- Eu ouço as mensagens do meu corpo e da minha mente e ajo de acordo com elas.
- Eu procuro pelas oportunidades nas quais menos é mais. A moderação é a chave.
- O meu adversário é o meu parceiro quando buscamos juntos a grandeza individual de cada um.
- Sabendo que suave é forte, não há possibilidade de erro.

LIÇÕES SOBRE OS CONTRÁRIOS

- Eu faço menos esforço e obtenho mais. Eu sigo o caminho da menor resistência.
- Não faça nada que não seja natural. Siga o curso natural das coisas.
- Eu deixo a minha mente dançar com o meu corpo pensante.

PERGUNTAS SOBRE A JORNADA:

- Em que circunstâncias esportivas, profissionais ou da vida o menos seria mais para você?
- Quando, para você, nos esportes, negócios ou nas relações pessoais, o suave é de fato forte?
- Que coisas específicas você precisa fazer no seu jogo, local de trabalho ou vida familiar para poder seguir o curso natural das coisas?
- Que três atitudes você pode tomar para demonstrar moderação saudável enquanto campeão?

PARTE

O CAMINHO DA UNIÃO ENTRE EQUIPE E LIDERANÇA

Sob as condições apropriadas... justiça, ordem, liderança e moral... um pequeno time pode levar a melhor sobre um grande. Aqueles que criam um grupo viável, mesmo que seja pequeno, vencem. O segredo de todas as operações está na harmonia entre as pessoas.

Sun-Tzu

O estrategista Sun-Tzu acreditava que o segredo para o triunfo em uma batalha estivesse na união dos corações em um só propósito. Essa afirmação tem uma enorme importância para os treinadores, atletas, times, empresas e famílias. A sabedoria do Tao ensina que a união, o espírito de equipe e a coesão são aspectos vitais para se alcançar a vitória tanto em campo de batalha como em todas as situações da vida. Em uma época em que cada um de nós parece estar ocupado consigo mesmo, quando o mantra mais recitado é "cada um por si", podemos usar essa sabedoria para praticar a virtude da abnegação de muitas maneiras. Pense na coesão semelhante à de uma família demonstrada pela seleção olímpica americana de hóquei de 1980 ou a equipe feminina de futebol americano que venceu a Copa do Mundo de 1999, cujos corações e espíritos foram forjados juntos na jornada para a vitória. Ambos os times estavam unidos pela disposição de abraçar a unidade, a harmonia e o espírito de equipe, colocando esses guerreiros em condições de realizar os seus sonhos. Criar a união e coesão de uma equipe exige trabalho. Mesmo que o seu "time" pareça não ter naturalmente a química grupal, essa qualidade pode ser aprendida e assimilada. As seguintes estratégias da Parte IV irão ajudá-lo a desenvolver conscientemente a capacidade de liderança e a coesão da equipe para alcançar mais sucesso.

Capítulo 10

Lições de Harmonia Grupal

O Tao das operações [militares] está em harmonizar as pessoas. Quando as pessoas estão em harmonia, elas lutam naturalmente, sem serem coagidas a fazê-lo.

Zhuge Liang, estrategista chinês

A ênfase no poder da harmonia grupal é uma característica importante que fez de *A Arte da Guerra* um dos livros mais lidos por generais, CEOs corporativos e treinadores esportivos de todo o mundo. O livro chinês das mutações, o *I Ching*, ensina que o espírito humano é nutrido por um sentimento de ligação e unidade.

O campeão tem plena consciência de como a sinergia e a atitude de cooperação influenciam o sucesso de um time. É a chave da eficácia grupal em qualquer arena da vida. No seu livro inspirador *Playing for Keeps*, David Halberstam conta como na Universidade da Carolina do Norte, sob a direção do treinador Dean Smith, "tudo se desenvolveu em torno do conceito de equipe... Ele acreditava que a longo prazo era possível ir mais longe com o trabalho em grupo e o sacrifício da individualidade em favor do esforço grupal... que serviria mais aos seus jogadores mais tarde na vida". Quem poderia contrariar um programa tão bem-sucedido... e o sucesso dos seus estudantes vinte anos depois?

A ARTE DA GUERRA NOS ESPORTES E NA VIDA

Levando essas idéias adiante, o treinador Phil Jackson acredita que bons times se tornam excelentes quando os seus componentes confiam o suficiente uns nos outros para passar do "eu" para o "nós". A chave para essa mudança, segundo Jackson, é o conceito zen de abnegação. Mais adiante veremos mais sobre esse conceito.

Os estudantes de história podem observar como as culturas do mundo buscam a unidade espiritual para harmonizar os corações e mentes dos povos. O *Tao Te Ching* lembra que as culturas perenes conseguiram sobreviver porque as pessoas existiam umas para as outras. As equipes esportivas, as organizações empresariais e as famílias nas quais as pessoas existem umas para as outras tendem a permanecer por longo tempo. As seguintes lições de harmonia foram aplicadas com êxito por milhares de campeões de sucesso duradouro.

A MAGIA GRUPAL

Quando trabalho com equipes que demonstram ter muitas das qualidades dos campeões, eu noto algo de especial nelas. Elas exalam uma certa magia... no modo como os seus membros andam, falam, correm, jogam. É diferente de um modo especial. A seguinte passagem descreve a minha experiência depois de ter estado com uma dessas equipes durante um fim de semana de quartas-de-final de muita ação e intensidade. Eu dei a cada componente uma cópia e gostaria que você tivesse uma idéia da sua dança, do seu jeito, que encantou todos os que foram assistir. Eu gostaria que todos pudessem perceber a magia que há em um time como esse.

A meu ver, os atletas que jogam nesse time o fazem porque há uma magia nele, algo que é difícil encontrar na vida. Em parte, essa magia reside na sensação física e no prazer de pegar uma bola correndo e

| 152

*correr para marcar um gol. Outra parte da magia está no plano psico-
lógico, no qual sentimos a confiança, a segurança e a certeza que advêm do fato de termos estado juntos por toda a temporada. E, no plano espiritual, é a posição segura e confortável criada para nos ajudar
a enfrentar riscos e a parecer ridículos ou errados, tão necessário para descobrirmos do que somos feitos, de seiva vital, um modo de ser,
não apenas no campo, na quadra, na arena, mas no palco maior da vida. Não existe apenas a relação com o time, o treinador, cada um consigo mesmo, mas a nossa relação com o bastão, a raquete, a bola... todos uma extensão do nosso coração, do nosso espírito, uma
expressão do que somos. Existe também um componente estético no
time, que demonstra o jeito absolutamente mais belo de jogar e competir. Assim como o balé é a forma mais bela de mover o corpo entre
dois pontos, o seu time está para o esporte como o balé está para o
ato de caminhar. Muitos outros times prefeririam saber dançar como
vocês a executar uma forma de dança mais rígida, forçada, planejada
e menos fluida. Essas são formas de dançar sem alma, sem coração,
sem coragem. Quando vêem vocês, eles descobrem um jeito mais
disciplinado, belo e fluido, sem medo, repleto de compaixão, que
preenche o vazio, os buracos da alma. Eles suspiram por sua dança e
não sabem ao certo o que ela é ou como vocês estão sendo. Eles sabem apenas que estão cansados de ser as moças que não são tiradas
para dançar no grande baile. Eles querem um pouco da magia que vocês têm, mas, enquanto eles não abandonarem a necessidade de
combater vocês, vencê-los, destruí-los para simplesmente jogar o jogo ou dançar a dança, a magia lhes será para sempre uma quimera.*

Eles venceram o campeonato nacional, mas, mais importante do que
isso, conquistaram o coração de todos os que assistiram à sua demonstração de paixão e amor pelo esporte. Eles estavam sendo campeões

mesmo antes de o resultado ter sido decidido. No ano seguinte, em outra partida de quartas-de-final, a camiseta do time dizia: CONTINUEM DANÇANDO. O time venceu outra vez.

GANSOS EM REVOADA

Os times campeões são muito semelhantes a uma revoada de gansos migrando para climas mais quentes. Em primeiro lugar, os gansos voam juntos, em uma formação em V, para se ajudarem mutuamente a economizar energia. Por isso, eles empregam menos esforço e, conseqüentemente, conseguem voar com 71% a mais de velocidade. É o mesmo princípio empregado pelas melhores equipes de ciclistas, cujo esforço aerodinâmico é comum ao longo de todo o percurso.

Os gansos em revoada estão sempre grasnando enquanto se movem. Para um observador, os seus gritos não são nada mais que um incômodo. Para os pássaros, no entanto, eles são os sons melodiosos do encorajamento e uma tagarelice animada; eles podem estar dizendo "hora de ir, pássaros grandes, animem-se, força, vocês vão conseguir!". Os times campeões imitam os gestos dos seus amigos emplumados.

E a atitude mais impressionante é a que reflete o profundo cuidado e compaixão que os gansos têm uns pelos outros. Quando um "companheiro de time" se machuca ou adoece, um pequeno grupo fica para trás até ele se recuperar. Eles se colocam à disposição uns dos outros em momentos de crise. O mesmo acontece com os times campeões; quando as coisas ficam difíceis, os obstinados seguem em frente e contribuem generosamente para ajudar os necessitados e aliviar o seu sofrimento.

Quando os campeões se comportam como exemplos, eles também voam como os gansos. A formação em V torna-se então o símbolo universal da vitória que os campeões vivenciam no aqui e agora. Também aqui, a sabedoria de *A Arte da Guerra* serve para nos mostrar como um time harmônico, coeso e com um moral elevado é mais propenso a derrotar um mais talentoso, mas que carece dessas qualidades. A verdade é que é difícil derrotar um time que atua como time. E não há nada mais belo para se ver e sentir do que um grupo de atletas inspirados, unidos e coesos atuando juntos por uma causa comum, como um só coração e um só espírito.

COMEÇAR E PARAR

Eis um exercício em grupo para criar a harmonia do time que eu aprendi com um grande amigo e colega, o dr. Alan Goldberg. Eu costumo aplicá-lo com freqüência para aproximar os membros de um grupo de maneira a fazer com que trabalhem juntos. Ele ficou conhecido como "Pare, Comece e Continue".

O exercício pode ser feito em qualquer ambiente privativo e íntimo, como uma sala de reuniões. Ele consiste de uma série de três perguntas:

1. O que estamos fazendo, o que precisamos parar de fazer, enquanto time, grupo ou família, para poder criar a união e atuar em um nível mais elevado?
2. O que não estamos fazendo, o que precisamos começar a fazer, enquanto time, grupo ou família, para poder criar a união e atuar em um nível mais elevado?
3. O que estamos fazendo, o que precisamos continuar fazendo, enquanto time, grupo ou família, para manter fortes a nossa união e coesão?

Os resultados desse exercício são extremamente eficientes. Talvez você queira registrar as respostas em uma folha de papel, distribuir cópias a todos e pedir que a leiam todos os dias da próxima semana. Procure saber de cada um durante a semana como está se saindo com as suas tarefas. Esse exercício revela o que está indo bem e o que precisa ser trabalhado, além de oferecer algumas soluções criativas para os problemas em questão. A responsabilidade de cada um é vital para a realização desse trabalho.

Há uma fábula chinesa que demonstra de maneira comovente o poder do trabalho em grupo. Segundo a fábula, céu e inferno são exatamente iguais. Ambos são banquetes suntuosos com todos os tipos de iguarias imagináveis cobrindo numerosas mesas redondas. Aos comensais são distribuídos pauzinhos de um metro e meio de comprimento. No inferno, os comensais desistem de tentar manipular tais gigantescos utensílios e morrem de fome. No céu, cada pessoa simplesmente põe-se a dar de comer a quem está à sua frente na mesa. O que essa fábula tem a ver com o trabalho em equipe, seja nos esportes ou em outras áreas da vida?

REFLEXÃO EM GRUPO

Alcance o nível máximo de abertura;
Mantenha o nível mais profundo de harmonia.

Tao Te Ching

O Tao recomenda que observemos os padrões da nossa vida para refletir sobre o que está acontecendo conosco e com os outros que fazem parte da nossa vida, e que nos mantenhamos receptivos e honestos para com os nossos sentimentos. A reflexão nos permite parar para nos examinarmos mutuamente, seja entre atletas ou amigos. Temos que ser capazes de avaliar até onde cada um de nós chegou e por quê. O Caminho do Campeão pressupõe o entendimento de que esses períodos de reflexão compartilhada com companheiros de time, colegas de trabalho e membros da família promovam a harmonia, a confiança e a coesão do grupo. Eu apliquei os exercícios seguintes por muitos anos com equipes esportivas e empresariais para a realização dessa meta. Eles também funcionam bem no contexto familiar.

O CÍRCULO DE ELOGIOS

Não há nenhuma dúvida de que os participantes adoram essa experiência. Eu raramente a proponho, escolhendo os momentos mais significativos de uma temporada, como uma competição importante, o último jogo da temporada ou quando o moral parece estar baixo. Por gerar fortes emoções que estimulam o desempenho, ela ajuda os participantes a se sentirem bem consigo mesmos e mais próximos uns dos outros. Eu a tenho proposto a grupos de pessoas a partir de 13 anos de idade. Leva pelo menos uma hora para completar o exercício e ele não deve ser proposto a grupos com muitos conflitos não resolvidos. Eu disponho todos em um círculo de 15 a 30 participantes. Se o número de pessoas for maior, pode-se formar dois ou mais círculos. Pode-se também formar grupos mistos de homens e mulheres, se eles costumam treinar juntos. Eu começo dizendo ao grupo que esse exercício é praticado por muitos times campeões de categoria profissional ou universitária e que ele vai ajudá-los a competir em um nível mais elevado. Começamos com qualquer um do círculo, que, voltando-se para a pessoa à esquerda, faz alguns comentários positivos sobre o que ele admira, gosta e respeita nessa pessoa. Os participantes do círculo precisam entender que comentários triviais como "gosto da maneira como você se veste" são inapropriados. Exemplos de comentários apropriados seriam "eu aprecio a sua ética de trabalho. Você realmente nos motiva. Eu respeito o seu modo de se dar a todos", ou "sinto como se fosse um irmão (ou irmã) para mim. Sei que posso contar com você". Os comentários têm que ser sinceros, pessoais e positivos. Não é essencial que se goste da pessoa, mas simplesmente que se dê expressão a algo positivo, relevante e verdadeiro. Depois que todos tiveram a oportunidade de contribuir (inclusive os treinadores), e se houver tempo, pode-se repetir o procedimento no sentido contrário. Para orientar melhor o grupo, eu sugiro que eles restrinjam os seus comentários a não mais que um ou dois minutos. Mas essa não é uma regra rígida. De acordo com a minha experiência, quando eles começam a falar não querem mais parar e não se consegue fazê-los calar; eles anseiam por essas avaliações e as merecem. Não se deve fazer essa prática quando há pouco tempo. Eu oriento os treinadores para que não se sintam pressionados a sair. Como é uma oportunidade rara para a maioria, e que faz com que todos se sintam bem, é importante deixá-la fluir.

O CÍRCULO DA RECORDAÇÃO MAIS IMPORTANTE

Este exercício também é feito em um círculo. É semelhante ao exercício já descrito, mas normalmente não tão profundo nem tão pessoal. Peça a cada atleta que se concentre em algo importante que tenha ocorrido durante a temporada, uma experiência de alegria, júbilo, tristeza, decepção, vitória ou derrota. À medida que cada um vai lembrando e falando desses momentos, todos no grupo começam a experimentar sentimentos de vínculo e comunhão. As lembranças podem ser individuais ou relacionadas ao time. Aqui também, estimule os atletas para que evitem fazer comentários triviais. Como com o Círculo de Elogios, as pessoas devem se manifestar uma a uma na direção esquerda (o coração fica do lado esquerdo do corpo). Os treinadores participam do círculo. É desnecessário dizer que essa prática é mais proveitosa quando realizada mais para o final da temporada.

O PODER DO CÍRCULO

A presença simbólica do círculo nos esportes e na vida é marcante. Usamos termos como "rodada" de golfe, jogada com uma minúscula bola redonda que entra em um buraco circular. No futebol, a bola é às vezes chamada de "redonda". Você dispara três flechas de trás do arco. Há o círculo no centro da quadra onde o jogo começa. A ofensiva móvel requer a interação de jogadores movendo-se em padrões circulares. No beisebol, a corrida ininterrupta por todas as bases *(home run)* é também chamada de *round tripper* ("circuito completo"). A barreira é circular e o lançador faz um giro circular, passando uma bola redonda para o batedor que a bate e circunda as bases. Para onde quer que se olhe, o círculo está presente.

O seu significado com respeito à união do time é enorme. O meu trabalho com grupos sempre começa com um grande círculo ou vários círculos menores. De todos os símbolos, o círculo é o mais associado às tradições zen, taoísta e também dos indígenas americanos. Eu falo para os meus grupos que o círculo é um vínculo sagrado que nos aproxima para nos unir. Nele, não há começo nem fim, embora ele seja completo. Não existe mais nada que tenha essa qualidade especial.

Falo sobre a relevância do círculo para a nossa jornada. À medida que vamos avançando no círculo, eu observo que acabamos onde começamos. A jornada circular é aquela na qual se ascende em espiral e na qual constantemente se volta a abordar certos temas familiares com mais sabedoria, visão e perspectiva e, também, de modo mais amadurecido pela experiência. Mudamos enquanto atletas e não somos mais as mesmas pessoas que fomos um dia.

O círculo nos dá a chance de apreciar o centro de "vacuidade" no interior da sua circunferência. A "mente do iniciante", como o círculo central, é vazia e plena de potenciais infinitos, como o nosso time. Eu enfatizo a importância de se estar vazio, aberto e receptivo a novas idéias, exatamente como o centro do círculo está aberto e receptivo à entrada de novos acontecimentos positivos.

E finalmente, que melhor modo de se comunicar e se relacionar uns com os outros do que em um círculo, onde um pode olhar nos olhos do outro, as janelas da alma, e ser confiável para o time? Também estabelecemos contato físico no círculo, nos aproximando, de mãos dadas ou braços entrelaçados, formando um círculo ininterrupto e compacto, todos juntos no espírito da unidade. "Que o círculo seja indissolúvel", como diz tão sabiamente a canção.

O TIME CAMPEÃO

Muitos times querem ser campeões. Eu trato de lembrá-los prontamente de que ser campeão não é algo em que nos "transformamos". É uma prática espiritual de conexão com as atitudes, comportamentos e virtudes do modo de ser campeão. Eu digo a eles: vocês formam um time campeão se:

- Sabem quem são... se autodefinem e se comportam de acordo com a definição que fazem de si mesmos no dia-a-dia.

- Vocês têm o mesmo sonho, a mesma visão, paixão e a mesma disposição para fazer *tudo o que for preciso* (inclusive desempenhar papéis menores etc.) para alcançar o sucesso.

- Vocês desafiam uns aos outros (dão tudo de si) na prática, com a consciência de que as dificuldades impostas a uns e outros ajudam todos a melhorar. Sejam ferozes, ousados e corajosos nos treinos e serão assim nas competições.

- Cada um de vocês assume um papel próprio de liderança e não apenas espera que alguns poucos façam todo o trabalho. Coloquem esperança, entusiasmo e fogo em cada dia. Liderança é uma prática diária.

- Percorrendo *lado a lado* quilômetros e quilômetros de terreno acidentado, ganhando ou perdendo, felizes ou tristes... tudo isso serve para aproximar vocês uns dos outros. Façam comentários positivos uns sobre os outros em voz alta (Círculo de Apreciação).

- Vocês estimulam uns aos outros a assumir os riscos necessários para se tornarem grandes, mesmo que pareçam ridículos e se sintam pouco à vontade. A compaixão é a virtude que permite que um time se mantenha vitorioso através dos tempos.

- Vocês não têm medo de pedir ajuda. Os times são mais fortes quando entendem a natureza interdependente das coisas. Gritar por "socorro" na defesa é aceitável e também deveria ser em todas as posições do jogo e da vida.

- Vocês perseguem a vitória em um ambiente de cooperação, amizade, apoio, respeito mútuo e compaixão. Essa é uma verdade que se aprende nos esportes em equipe.

Saiba que cada um desses aspectos está imbuído de conceitos e idéias que podem ser colocados à mesa para discussão nas reuniões de grupo ou equipe. Por exemplo, reservar uma hora para responder à pergunta número um: "Quem somos nós enquanto time?". Quando as pessoas começam a emitir muitos adjetivos, perguntar a elas que atos ou atitudes elas podem apresentar para ajudar a demonstrar essas palavras, dar vida a elas no decorrer de um jogo. Abordem cada item e deixem que o grupo dê sua contribuição quanto à sua relevância para o time.

LIÇÕES EM FORMA DE AFIRMAÇÕES

- A magia ocorre no meu time ou grupo quando permanecemos em contato com o nosso amor e a nossa paixão pelo jogo e os demonstramos no dia-a-dia.

- Trabalhando juntos, cada um pode muito mais.

- A compaixão é a cola que mantém o meu grupo ou time unido.

- Eu procuro meios de trabalhar com os meus companheiros de time e colegas de trabalho para elevar o nível da nossa atuação.

- É de importância crucial reservar tempo para ver como está o meu time ou grupo e expressar minha satisfação pelo que ele é.

- Eu respeito o significado do círculo enquanto vínculo sagrado que une o grupo.

- O círculo me faz lembrar da jornada e dos infinitos potenciais acessíveis quando a mente está aberta.

PERGUNTAS SOBRE A JORNADA:

- Que duas coisas eu posso fazer hoje para tornar o meu time ou grupo especial?

- Em que sentidos o meu time ou grupo é mágico?

- Qual é a recordação mais importante que tenho do meu time ou grupo?

- Que três coisas eu aprecio no meu time ou grupo?

- Por que podemos alcançar as nossas metas? Que obstáculos barram o caminho? O que podemos fazer para vencer esses obstáculos?

- Por que nós merecemos (ou eu mereço) participar de uma conferência ou competição de nível nacional? O que nós precisamos (ou eu preciso) fazer para ter um desempenho de competidor?

- Como é competir contra nós (mim)? De que maneira o nosso (meu) adversário tem que se preparar para nos (me) enfrentar?

Capítulo 11

Lições de Abnegação

As pessoas evoluídas colocam-se em último lugar, embora sejam as primeiras. A abnegação é, afinal, o prenúncio da realização pessoal.

Deng Ming-Dao, *A Sabedoria do Tao*

No Capítulo 10 vimos que, segundo Sun-Tzu, o segredo para o triunfo em uma batalha está na união dos corações em um só propósito. Na base dessa união está a virtude da abnegação, que é uma disposição incondicional para colocar o time ou grupo antes de qualquer necessidade pessoal.

Seja nos esportes ou nas empresas, as equipes campeãs têm um alto nível de unidade, que depende da abnegação de cada um dos seus membros. O individualismo compromete a qualidade de um time; a abnegação leva à realização pessoal e coletiva, promove a paz e conserva a energia, fatores que contribuem para níveis mais elevados de desempenho. Como você vai começar a perceber, a questão mais importante a ser colocada por um campeão não é "o que eu posso ganhar? Pontos, gols, atenção, reconhecimento?". A questão mais relevante é: "Como posso contribuir com o meu time, treinador, esporte e adversário?".

Em uma sociedade de empreendedores, a maioria tende a se centrar em si mesma, com uma atitude de "O que eu posso ganhar?". Essa

LIÇÕES DE ABNEGAÇÃO

atitude diante da vida é contrária à natureza, ao Tao, que ensina que é dando que se recebe. Em vez de ganhar, procure dar. Ser gentil, amável e generoso. Isso é ser campeão. Atletas assim engrandecem as pessoas ao seu redor. Jordan, Gretsky, Montana e Pelé são exemplos perfeitos de campeões abnegados.

A abnegação é um ingrediente essencial para a harmonia de um time e é por isso que estou dedicando todo um capítulo a essa virtude. Eis o que dois célebres autores disseram sobre a abnegação.

Walt Whitman escreveu: "Quando dou, estou dando a mim mesmo". Dar aos outros nos afasta de nós mesmos e coloca as nossas próprias dificuldades inteiramente de lado ou, pelo menos, nos ajuda a ter uma perspectiva melhor.

No seu livro *Man's Search for Meaning*, Viktor Frankl nos dá um exemplo vívido e dramático do conforto espiritual proporcionado pela atitude da abnegação. Quando preso em um campo de extermínio de Hitler, Frankl notou que as pessoas que conseguiam manter por mais tempo sua resistência e sanidade não eram as que faziam uso da força ou da esperteza para obter mais do que sua parca ração de comida, mas aquelas que ajudavam os outros prisioneiros e dividiam abnegadamente com eles a pouca comida que tinham. As suas condições física e mental pareciam ser fortalecidas por sua abnegação e generosidade e por desviarem o foco da sua atenção de si mesmos para os companheiros de campo de concentração. O resultado não é diferente quando os campeões adotam essa virtude como modo de ser em grupo.

ABDICAR DOS INTERESSES PRÓPRIOS

A força da alcatéia está no lobo e a força do lobo está na alcatéia.

Rudyard Kipling

De acordo com o Tao, os que se colocam por último acabam se tornando os primeiros. O espírito de um time ou grupo se forma em um ambiente de magnanimidade. A força de qualquer time é conseqüência da disposição de cada um dos seus componentes para conter o seu entusiasmo por ganhos pessoais. Lao-Tzu incentiva a ação sem interesse próprio. Em uma sociedade em que as conquistas individuais são premiadas, não é fácil ir além de uma atitude de auto-indulgência.

Talvez você se lembre do emocionante jogo da equipe feminina de futebol americano em uma competição pela Copa do Mundo. Elas foram capazes de abdicar do interesse próprio. Depois da sua vitória sobre a China pelo campeonato mundial, nós ficamos sabendo como cada uma delas aceitou desempenhar papéis menores, recusou-se a recorrer a subterfúgios como o de tentar barrar as adversárias com puxões e se dispôs a fazer qualquer tarefa que lhe fosse solicitada. Colocar o interesse próprio de lado pelo bem maior do time foi um fator importante para o seu maravilhoso sucesso. Elas demonstraram aquilo que o Tao chama de *tz'u*, que significa preocupação com o desempenho das outras pessoas.

Como eu já disse no início deste capítulo, e acho que vale a pena repetir aqui, o problema de muitos atletas está no seu empreendedorismo natural, e empreendedores naturais fazem a si mesmos a pergunta: "O que posso ganhar?" em vez de "Como posso contribuir?". O paradoxo é que a verdadeira conquista é obtida por meio do ato de dar. Observe o que acontece na sua vida quando você persiste em dar aos outros. Você não pode impedi-los de retribuir. Em vez de se perguntar: "Como posso obter mais

LIÇÕES DE ABNEGAÇÃO

pontos, metas, rebotes, lances?", pergunte-se: "Como posso dar mais apoio aos meus companheiros de time, mais tempo e empenho aos treinos?"

Phil Jackson entende o paradoxo taoísta que diz que, quando você abdica da idéia de ganhar, passa a receber em grande abundância. Como diretor técnico do Chicago Bulls e Los Angeles Lakers, da NBA, coube a ele treinar duas super-estrelas que marcavam pontos todas as noites, mas nunca venciam um campeonato mundial. Em duas diferentes ocasiões, ele pediu a Michael Jordan e Shaquille O'Neal que considerassem a possibilidade de contribuir com o time, ajudando os outros a elevar o nível das suas jogadas e a extrair o melhor dos seus companheiros de time. Ambos os atletas aceitaram o pedido do seu líder guerreiro e, já na temporada seguinte, levaram o seu time ao título e foram considerados por unanimidade os melhores jogadores de toda a temporada.

Bill Bradley, estrela do basquete pela Universidade de Princeton e do New York Knicks, conhece o impacto da abnegação sobre a vitória em campeonatos mundiais. No seu maravilhoso livro *Values of the Game*, Bradley diz que "um time só ganha campeonatos depois que conseguiu forjar um alto nível de união, o que só é alcançado por meio da abnegação de cada um dos seus jogadores. O individualismo exacerbado destrói a chance de alcançar a vitória".

Pode parecer estranho, mas a verdade é que a magia só ocorre quando o nome na frente da camiseta é mais importante do que o nome atrás dela. Quando se transfere o foco no "eu" para a consciência do "nós", o resultado é muito melhor. Não sei ao certo de quem ouvi essa frase, mas costumo usá-la com freqüência: a palavra TEAM (time) é a sigla que corresponde a *Together Everyone Achieves More* (Juntos Todos Conseguem Mais).

Abdicar do interesse próprio é como fazer um bom investimento. Investindo no time e uns nos outros. À medida que a conta do "coração"

A ARTE DA GUERRA NOS ESPORTES E NA VIDA

aumenta e você se recusa a sacar dela para propósitos egoístas, você acumula dividendos lucrativos ao longo do percurso.

E confiar nisso não é fácil para nenhum de nós. É natural ter medo de não conseguir o que você merece. Você pode até se sentir inseguro, invejoso e mesmo furioso com os outros. Mas, com o tempo, vai começar a perceber que esse caminho mais nobre da abnegação e da doação é o que você vai querer tomar sempre. Nos esportes, nos negócios e na vida essa atitude será muitas vezes testada. Saiba que você nunca será mestre na arte de dar e prestar serviços. Procure apenas ter mais consciência dela e praticá-la com mais freqüência.

Quando se pegar hesitando em dar, por qualquer que seja o motivo, lembre-se disto: o ato mais abnegado que alguém pode praticar é arriscar a própria vida para salvar a vida de outro. Quando o astro Sean Elliot, do San Antonio Spurs, passou pela necessidade urgente de um transplante de rim, o irmão dele, Noel, prontificou-se altruisticamente a lhe salvar a vida.

AJUDA INCONDICIONAL

Os bons times têm bons servidores. De acordo com um antigo ditado chinês, "governar é servir e servir é governar". Assumindo uma função de servir, você cultiva o ambiente e ajuda a tornar eficiente o grupo ou time. Você serve fazendo e dando... fazendo o que deve e dando-se por inteiro.

A palavra *samurai* significa servidor em japonês. O guerreiro samurai sabia que, servindo aos outros, tudo era possível. Como campeão, você pode concretizar isso oferecendo aos seus companheiros de equipe a melhor jogada, o melhor lance, a melhor posição defensiva e o melhor esforço para dar tudo de si mesmo. Nesse sentido, você estará dando a cada um deles a oportunidade de se tornar melhor, de elevar o seu nível.

| 168

LIÇÕES DE ABNEGAÇÃO

Dê a eles a sua paixão, integridade, coragem e tenacidade. Estimule os outros membros da equipe para que os desafios impostos uns aos outros sejam tão difíceis que obriguem todo mundo a melhorar. Recuse-se a deixar a peteca cair.

Como o guerreiro samurai, dê a sua lealdade, respeito, paciência e aceitação das diferenças. Dê aos outros o que você é e o que você representa. Assim, todos serão beneficiados, inclusive você mesmo.

Antes de cada treino, jogo ou reunião, responda à seguinte pergunta: "De que maneira eu posso hoje servir melhor ao meu time, ao meu treinador, ao meu grupo ou ao meu adversário?".

Para servir melhor, você precisa ter clareza sobre qual é seu papel. Tendo-o claro, servir torna-se parte desse papel. Líderes e treinadores eficientes providenciam para que todos os jogadores e membros do grupo tenham papéis tão bem definidos que possam ser demonstráveis. O seu papel pode ser o de sair do banco de reserva com energia suficiente para dar um empurrão no seu time. Talvez o seu papel seja o de defender tenazmente o seu time em um jogo, ou o de um jogador obstinado nos treinos diários. Se o seu papel não estiver claro, pergunte aos líderes. A sua contribuição é importante e, desempenhando-a bem, você demonstra ser um campeão.

Pense em um potente e maravilhoso Porsche. Ele tem um motor incrivelmente potente e altamente eficiente que faz o carro andar. Ele também tem pneus, cuja função é permitir que ele deslize suavemente pela estrada. Sem eles, o carro não anda. Se a porca de um parafuso se solta, o carro fica praticamente imobilizado. O pára-brisa mantém a visibilidade, evitando que a chuva caia no rosto do motorista. Sem os limpadores de pára-brisa, ele não enxerga nada. Tudo tem a sua função, uma tão importante quanto a outra. O motorista, neste caso, é o treinador. O melhor, mais potente e eficiente motor não vai a lugar nenhum sem a chave de ignição, as rodas e o óleo ou o combustível. Um bom time funciona como um bom carro. A sua função, qualquer que ela seja, é crucial para o time cumprir a sua principal missão. Você é fundamental – jamais se esqueça disso.

Todos têm uma função, seja a cabeça, a cauda ou as vísceras; todos respondem para ajudar com base no que é necessário... pelo bem do time, disponha-se a fazer qualquer coisa.

Sun-Tzu

Talvez você queira servir de outra maneira que não seja a sua função específica. Talvez queira jogar por mais tempo. Enquanto cumpre a sua função atual, procure o seu treinador ou autoridade competente e faça a seguinte pergunta: "Como posso mudar a minha função para jogar mais tempo, jogar em uma outra posição e ter mais responsabilidade na organização?". Descubra o que terá de fazer e dê tudo de si para conseguir isso.

OCUPAR UMA POSIÇÃO MENOS IMPORTANTE

Ser reserva de um time não é fácil. Eu já mencionei como, às vezes, o jogador fica inseguro, invejoso, ciumento e furioso quando não participa de um jogo. Esses são sentimentos naturais. Você pode chegar a desejar que pessoas de quem você gosta se saiam mal ou se machuquem. A todos nós ocorrem pensamentos como esses. Você tem que aceitá-los, colocá-los de lado e continuar torcendo para que vençam. Concentre-se na sua contribuição vital, no papel importante que você exerce e procure estar preparado para substituir alguém que possa vir a se machucar ou que não esteja fazendo bem o seu trabalho. Depois, continue sendo para os

LIÇÕES DE ABNEGAÇÃO

companheiros de equipe o melhor adversário nos treinos, sem o qual o time não progride.

O tempo que você joga, o número de atribuições que tem no trabalho ou a quantia que ganha não devem ser indicadores de quanto você vale. O seu compromisso tanto com o time quanto com o bom treinador deve ser o mesmo que é para com todos os outros, independentemente do tempo jogado – e esse compromisso é o de facilitar o seu desenvolvimento total como atleta e também como pessoa. Você tem de entender que nem todos os jogadores são iguais em termos do seu nível de compromisso com o esporte. Se todos fossem tratados igualmente com relação ao tempo de participação nos jogos, isso prejudicaria aqueles que têm um compromisso mais profundo. Portanto, se estiver nessa situação de querer mais tempo de participação nos jogos, você precisa:

1. Dar a si mesmo o tempo necessário para se desenvolver; ter paciência.

2. Conversar com o treinador: "O que eu poderia fazer de maneira diferente?".

3. Saber se está disposto a cumprir com as suas obrigações (envolver-se, incentivar os outros, servir ao time, empenhar-se mais).

4. Tirar o máximo possível da sua situação atual e ver o que o futuro guarda para você. Determinar o que vale a pena e ir atrás.

5. Entender que fazer parte de um time é mais do que dedicar tempo a ele. Descobrir o que é esse "mais" e decidir se é o suficiente.

6. Fazer o melhor possível e ver para onde isso o leva.

Eu estive em uma posição subalterna no início da minha carreira, antes de ter a oportunidade de ocupar uma posição no centro do palco. No

A ARTE DA GUERRA NOS ESPORTES E NA VIDA

começo, lutei contra isso... achava que merecia algo melhor. Olhando para trás, hoje eu entendo que precisava amadurecer, melhorar e evoluir para chegar ao primeiro lugar na minha profissão. Eu consegui isso à moda antiga – por meio de muita prática e trabalho árduo. Eu me dispus, com o tempo, a fazer tudo o que me fosse solicitado, independentemente do que exigisse de mim para ser competente e obter o reconhecimento que eu merecia. Empenhei-me de coração e alma para alcançar esse propósito.

UNIDADE DE VISÃO

O espírito de equipe se desenvolve e fortalece por meio dos esforços de todos trabalhando em conjunto por um único propósito. A abnegação promove essa "unidade de visão", uma associação saudável de cooperação que busca a união espiritual de corações e mentes em comunhão. O *Tao Te Ching* nos lembra de como a terra e o céu se fundem e cooperam para produzir chuvas brandas e flores suaves. O mesmo acontece no atletismo e na vida, com os componentes de um time ou de um grupo se unindo em um só coração e em uma só mente para criar ações de nível mais elevado e eficiente. Corporações, famílias e outros grupos se unem para colher os benefícios de atitudes de cooperação desinteressadas enquanto superam juntos os obstáculos.

As equipes abnegadas cooperam com as estratégias do treinador e dos companheiros de equipe. O símbolo caligráfico chinês para designar cooperação representa a unidade de visão em um só coração e em uma só razão. Essa idéia é desvirtuada em ambientes em que os indivíduos se centram mais no "eu" do que no "nós".

Outra característica dos times abnegados é a sua consciência de interdependência, a idéia de um por todos e todos por um. Em chinês, es-

| 172

LIÇÕES DE ABNEGAÇÃO

se conceito é chamado de *hsiang sheng*, ou "elevação mútua". Essa é uma maneira de fortalecer o apoio mútuo quando as coisas ficam difíceis; e, devido a essa ligação, até mesmo os renitentes começam a andar juntos. Os times e grupos que seguem esse princípio de realização mútua tornam-se como famílias, com os seus elementos intimamente ligados uns aos outros, vinculados no interior do todo mais abrangente a algo muito maior do que qualquer um dos seus componentes.

Atletas e parceiros de negócios abnegados, unidos e ligados atuam em níveis mais elevados. Eu estou me referindo ao meu trabalho nos últimos dez anos com as equipes femininas de lacrosse e de hóquei de campo da Universidade de Maryland, vencedoras de vários campeonatos nacionais. Não é por acaso que aqueles que apresentam unidade de visão e abnegação e buscam cooperar para unir os seus esforços são aqueles que se consagraram campeões, capazes de demonstrar altos níveis de desempenho dia após dia. Criar times bem-sucedidos é, na verdade, um ato espiritual de renúncia à auto-indulgência em favor do propósito maior da equipe, do clã ou da família.

Sun-Tzu acreditava que a vitória fosse, em última análise, resultado da união dos corações em um só propósito. Isso vai além da simples vitória no placar. Essa união cria uma vitória emocional e espiritual no processo de fortalecimento dos vínculos e de descoberta dos nossos potenciais ilimitados. Você se sente reconfortado quando começa a tomar consciência de que tudo na vida está interligado. A árvore provê o papel que o autor usa para escrever; os livros ensinam a cuidar das árvores; a Terra e o Céu existem um para o outro e, por isso, são eternos.

LIÇÕES EM FORMA DE AFIRMAÇÕES

- A pergunta que deve ser formulada diariamente é: "Como posso me doar hoje?".

A ARTE DA GUERRA NOS ESPORTES E NA VIDA

- Quando abro mão da minha necessidade de ganhar, eu recebo em grande abundância.
- Juntos, todos nós conseguimos mais.
- Eu aceito a minha função e a exerço com o meu coração e a minha alma.
- A importância que eu tenho para o meu time está relacionada a algo muito maior do que quanto eu jogo.
- Com paciência, eu dou a mim mesmo tempo para me desenvolver; eu tiro o máximo possível de cada situação.
- A cooperação e a união são cruciais para o fortalecimento dos times e organizações.
- Eu me empenho de todas as maneiras para manter a equipe unida e, em conseqüência disso, todos nós vivenciamos na prática o que é a realização mútua.

PERGUNTAS SOBRE A JORNADA:

- Que quatro atitudes ou comportamentos específicos podem me ajudar a demonstrar como contribuir com o meu time, grupo ou família?
- Qual é a minha função neste time ou nesta organização e o que preciso fazer para cumpri-la?
- De que maneira eu estou sendo egoísta no dia-a-dia? O que preciso fazer hoje para demonstrar abnegação nos meus relacionamentos?

Capítulo 12
Lições de Liderança Consciente

Aquele cujo interesse humanitário estende-se a todos sob o seu comando, cuja integridade e justiça conquistam a lealdade das nações vizinhas (...) que considera todos como sua família, é um grande líder que não pode ser contestado.

Zhuge Liang, estrategista chinês

Liderança consciente é a arte sutil de ouvir as necessidades dos outros para poder servir com respeito, confiança e modéstia. Os líderes medianos têm necessidade de promover os seus próprios propósitos, discorrem incessantemente sobre as suas diretrizes e esperam que os outros as sigam cegamente. Eles se atêm à "microadministração" *(micromanagement)*, uma técnica antiquada de liderança baseada na obediência e no medo. O Tao nos ensina que os líderes campeões são aqueles cuja existência mal é conhecida, aqueles que permanecem no segundo plano, recusando-se a assumir o crédito pela vitória, embora aceitem a responsabilidade pela derrota.

A visão de Sun-Tzu de um líder campeão é a de um líder que se abstém de atitudes precipitadas e forçadas, demasiadamente cautelosas ou irascíveis; os bons líderes, segundo *A Arte da Guerra*, exercem o controle mantendo as emoções sob controle e abstendo-se de interferir constantemente no desempenho dos outros. Os líderes conscientes e eficientes permanecem calmos e controlados em meio ao caos. Entretanto, nos esportes, eu vejo treinadores e capitães de times frustrarem os seus propósitos pelo uso do controle e da força como métodos de liderança, que criam tensão e insegurança e fazem os atletas perderem a confiança em si mesmos e o foco. Esse estilo impetuoso gera sentimentos de alienação, resistência e, finalmente, ressentimento em toda a equipe. Até mesmo Napoleão passou a acreditar, com o avanço da idade, na inaptidão da força para criar qualquer coisa. Para usar as palavras dele, a longo prazo a espada é sempre abatida pelo espírito.

É preciso que haja bons líderes. Líderes incompetentes comprometem a força do grupo, permitindo que menos grupos assumam a responsabilidade e vençam. Dê-se tempo para criar uma boa liderança.

Sun-Tzu

Eu sou testemunha de muitas mudanças que estão ocorrendo nos esportes, nos negócios e na vida. As pessoas estão exigindo liderança campeã, conforme descrita por Zhuge Liang no início deste capítulo. Os líderes campeões entendem que, quando se dispensa um tratamento humano aos outros, com respeito, encorajamento, compaixão e firmeza, aumentam-se as chances de vitória. Quando os outros são conduzidos de maneira consciente, eles procuram o líder em busca de conselhos, demonstram uma lealdade a toda prova e oferecem uma obediência devotada. Quando conduz um grupo dessa maneira, você conquista os corações dos seus componentes, uma vez que eles assumem para si as dificuldades, os sacrifícios e os sofrimentos que são tão cruciais para a realização das metas. Atletas, sócios empresariais e membros de uma família em ambientes assim decidem naturalmente dar um pouco mais do que acreditavam ser possível.

LIÇÕES DE LIDERANÇA CONSCIENTE

Ser um líder campeão, pelo que eu descobri, também exige um toque de sensibilidade para tratar os outros com amor e gentileza, ao mesmo tempo que é firme quando precisa apontar a necessidade de mudanças. O treinador John Wooden costumava dizer que o seu enorme sucesso se devia em parte ao fato de colocar muito amor na sua função de treinador.

Quando houver dúvida a respeito dessa abordagem, lembre-se de uma verdade inquestionável: na maioria dos casos, aqueles que você lidera são voluntários. Sem eles, você não teria ninguém para liderar. Trate-os bem.

A ARTE DE ESCOLHER LÍDERES

Com o passar dos anos eu aprendi que selecionar líderes para times ou grupos não é tarefa fácil. São muitas as variáveis que complicam o processo de seleção. Eu tenho usado o seguinte exercício como instrumento educativo para ajudar os atletas a se sintonizarem com a essência de uma liderança sólida e serem bem-sucedidos na escolha de candidatos que sejam exemplos dessas qualidades refinadas.

Para começar, divida o seu time ou grupo em grupos menores de quatro a dez pessoas, dependendo do tamanho do grupo. Peça aos grupos menores que escolham uma pessoa para registrar as informações à medida que forem passadas. Peça agora aos grupos que relacionem as qualidades específicas que acreditam ser essenciais a uma liderança consciente e eficiente. Adjetivos como leal, confiável, criterioso, interessado, forte, franco, confiante, destemido e calmo podem aparecer. Quando a lista estiver completa, peça à pessoa de cada grupo responsável pelas anotações que as leia em voz alta para algum assistente da equipe técnica escrever em um quadro visível a todos. Qualidades repetidas

177 |

ou sobrepostas devem ser descartadas. Criada a lista "mestra", peça que façam comentários. Concluída a lista, peça a cada membro para relacionar individual e anonimamente, em uma folha de papel, os nomes de três pessoas do time que melhor exemplificam essas qualidades, sendo a primeira delas numerada como a melhor. Recolha as folhas de papel, guarde os resultados para uma outra ocasião e use as informações para selecionar os líderes e capitães do time. Os nomes indicados costumam corresponder com muita freqüência aos selecionados intuitivamente pelo treinador e confirmar o que ele já sabia ser a melhor escolha. Se não for esse o caso, as informações obtidas devem ajudá-lo a perceber algo que até então não havia percebido. Esse método cumpre duas funções: a primeira delas é o time sentir que tem voz no processo; e a segunda é eliminar a possibilidade de se escolher um capitão com base em razões incertas ou que não têm nada a ver, como aparência física, talento, idade, classe ou popularidade. A experiência, como eu já disse, é uma ferramenta educativa que mostra a todos o que é ser um líder campeão. Por exemplo, os líderes campeões exercem uma liderança mais eficaz não mandando ou dizendo aos outros o que devem fazer, mas envolvendo-os, incentivando-os, dando um bom exemplo e mostrando respeito, cortesia e lealdade para com eles. Eles lideram servindo aos companheiros de time durante os treinos, jogando de maneira a tornar as coisas difíceis e desafiadoras para os demais. Eles dão o melhor de si e o resultado é que todos se tornam melhores atletas por darem o máximo possível. Essa é a verdadeira liderança. Líderes assim exibem integridade, lealdade, dignidade, coragem, compaixão, paciência e disposição para o sofrimento em nome do bem maior... o time, a família, a tribo.

Graças à minha própria experiência de trabalhar com times que contam com fortes lideranças, descobri que o aspecto que eles têm em comum é a aceitação de que liderança é função de todos. Para ajudar os outros a se verem como líderes, peça a todos os membros que escolham três ou quatro das qualidades expostas no quadro que eles acham que podem ter. Escolhidas as três qualidades, peça que relacionem três ou quatro atos ou atitudes que, se desempenhados, demonstrariam ser os de um líder eficiente. Você terá a agradável surpresa de perceber que a experiência de liderança está presente em todas as listas. Quem não atua como líder dessa maneira está prejudicando o seu time. Você pode começar a ser respeitado como líder agora mesmo se começar a agir dessa maneira.

O MODO DE CONDUZIR

> *O Tao conduz seguindo o Caminho do Curso d'Água. Ele faz uso de pouca intervenção e de nenhuma manipulação ou coerção. Ilumine para mostrar o caminho. Sugira escolhas e eles dirão: "Nós fizemos isso sozinhos!".*
>
> *Tao Te Ching*

O Caminho do Curso d'Água é o Caminho do Campeão. O líder campeão conduz mais pela orientação do que pelo controle. Ser "controlador" é indício de vários níveis de insegurança. Como disse Buda, se você quer realmente controlar as vacas, faça recuar as cercas; esclareça as coisas, dê mais espaço para os outros crescerem, explore e encontre meios para que descubram os seus verdadeiros potenciais.

Como eu aprendi, o líder campeão quer orientar – não direcionar – os outros para que se tornem mais confiantes em si mesmos. O controle bloqueia a autoconfiança, a visão e a criatividade. Por exemplo, se você é um pescador experiente, em vez de pescar para os habitantes da aldeia e torná-los dependentes da sua presença, procure deixá-los livres, ensinando-os a pescar, para que sempre tenham o que comer na sua ausência. Com os atletas, você quer que eles sejam criativos e saibam se virar sozinhos no campo ou na quadra. Guiar sem controlar demais é o modo de ajudar os outros na realização dos seus potenciais.

O símbolo chinês que designa a palavra controle segue o caminho da entrega, permitindo que a natureza prevaleça por meio da orientação afetuosa. Só quando você está disposto a abandonar o controle excessivo (o que acontece quando você está seguro interiormente) é que você, o seu time e os outros podem desfrutar da verdadeira aprendizagem e da vitória.

Confúcio dizia que o grande líder "guia os outros e não os puxa; incita-os para a frente, abrindo o caminho, mas recusando-se a levá-los a um determinado lugar".

Eu aprendi as lições seguintes com líderes campeões, e elas vão ajudar você a se tornar um guia mais consciente para aqueles que você conduz a situações de crescimento e aperfeiçoamento:

- Abra-se para ouvir críticas e sugestões dos outros, particularmente se expressam a opinião da maioria. Como treinador, executivo de uma empresa ou chefe de família, mostre-se aberto a críticas, pedindo de tempos em tempos aos seus subordinados (especialmente durante os períodos de tensão e desentendimento) que respondam por escrito à seguinte pergunta: "Se você estivesse no comando e tivesse total liberdade para resolver as coisas à sua maneira, o que faria e de que maneira?". Eles devem responder anonimamente a essa pergunta, para garantir que as respostas sejam honestas e verdadeiras. Eles irão respeitar e admirar você por isso, especialmente se você iniciar mudanças positivas com base nas suas críticas e sugestões.

LIÇÕES DE LIDERANÇA CONSCIENTE

- Crie um ambiente receptivo e positivo, no qual todos se sintam aceitos, respeitados e capazes de se desenvolver como indivíduos. Seja equânime, por exemplo, e não mostre nenhuma espécie de favoritismo pelas "estrelas". Todos os atletas ou componentes do time devem se esforçar arduamente e sem distinção. As normas de conduta do time ou grupo devem ser iguais para todos. Os seus componentes costumam dar importância a limites, pois estes proporcionam uma sensação de segurança. Mas dentro dessa estrutura é importante que haja liberdade para cada um se desenvolver e ser o que realmente é.

- Antes de criticar os subordinados, procure meios de dar-lhes crédito. Por exemplo, você pode dizer: "Sonia, eu gosto do jeito com que você costuma se empenhar. Mas se você quer marcar um ponto, use as mãos assim e mova os pés ao mesmo tempo". No momento em que você chama a atenção para os movimentos das mãos e dos pés dela, ela se dispõe a ouvir, sabendo que você reconhece o esforço que ela faz. Procure basear sua crítica em dados concretos e específicos. Evite generalizações do tipo "você sempre" ou "você nunca". Procure meios para poder abordar o problema junto com o atleta, colega de trabalho ou membro da família. As sugestões vindas deles terão mais peso e será mais fácil obter a sua aquiescência. Se possível, não critique a pessoa durante o desempenho. Os seus comentários serão mais eficientes se você esperar para expô-los na sessão de treino ou no dia seguinte.

- Como treinador ou líder do time, você precisa entender que a sua posição só é forte e segura na medida em que os seus atletas se sentem fortes e seguros. Os atletas ou componentes do grupo podem tanto promover quanto acabar com você.

A ARTE DA GUERRA NOS ESPORTES E NA VIDA

- Se você demonstra uma disposição verdadeira de servir e ajudar, eles o procurarão em busca de orientações e conselhos. Se você tem disposição para ouvi-los, eles serão atraídos para você e estarão interessados em participar de uma vívida troca de idéias.

- Evitar a qualquer custo a manipulação. Enquanto estilo de liderança, a manipulação provoca raiva, ressentimento e perda de respeito por parte daqueles que são manipulados. Jogos de poder, tentativas de exercer poder sobre os outros e ser "o chefe" são formas de manipulação que criam ambientes de desconfiança e suspeita. A motivação e o espírito de grupo declinam diante do uso desse tipo de tática.

- Lembre-se da Regra de Ouro: "Trate os outros da mesma maneira que gostaria de ser tratado". Se você seguir essa regra, os seus problemas serão minimizados. Se a rispidez não leva a lugar algum, por que usá-la? Sendo amável com as pessoas, você conquista o coração e a cooperação delas e é isso o que você realmente quer e merece. (Ver a próxima lição, "Firme mas Justo".)

- Crie ambientes em que os reveses, erros, equívocos e fracassos sejam permitidos. Desse modo, as pessoas se arriscarão a explorar os seus potenciais ilimitados sem receio de serem julgadas ou criticadas por algum fracasso.

Essas são as maneiras de alimentar os seus subordinados. O *I Ching* diz claramente que os governantes que estimulam os seus governados assistem ao desabrochar dos seus talentos.

FIRME MAS JUSTO

O nome dele era Hugh Lynch, um dos mais destemidos e respeitados comandantes do Corpo de Bombeiros de Nova York. As pessoas sob o seu comando contavam o quanto ele era corajoso, comandando dezenas de homens com a metade da idade dele para o centro de um incêndio devastador. Ele comandava pelo exemplo e guiava os outros aos lugares onde se faziam necessários, como é típico de um líder campeão. Eles o ouviam porque, como disse um bombeiro, ele era firme sem nunca deixar de ser justo. Nesse sentido, ele não era diferente do meu pai. Eu aprendi com esse campeão as minhas primeiras lições de liderança.

O *I Ching* confirma o que o meu pai sabia intuitivamente ser correto. Esse clássico do taoísmo diz que "para ser líder é preciso ser firme e justo e ter uma atitude estimulante com relação aos outros". Ser severo, porém imparcial, contribui para que o líder seja admirado, respeitado e obedecido.

Para ser firme, a pessoa precisa estabelecer certos limites, o que será e o que não será tolerado. Os limites proporcionam uma sensação de segurança aos subordinados. Conhecer os parâmetros de comportamento torna as circunstâncias claras, previsíveis e familiares. Mas dentro desses limites estritos precisa haver um elemento de eqüidade – ou seja, tratar os outros como eles merecem ser tratados.

John Wooden, treinador do time campeão de basquete da Universidade da Califórnia, sabe que ser justo não significa tratar todos da mesma maneira. Isso porque todos não merecem o mesmo tratamento. No seu livro, *Wooden,* ele explica que ser justo é dar o que cada um merece. Ele também observa que ser equânime o tempo todo não é possível. Ele propõe que se faça um esforço sincero; os outros o reconhecerão, sejam eles os seus filhos, empregados ou atletas. Wooden era respeitado pelos seus atletas e eles empenhavam o coração nos jogos porque ele os tratava com firmeza mas com equanimidade.

Para ser equânime na sua liderança, você terá que se abster de tomar decisões arbitrárias. Por exemplo, o atleta "estrela", por ter feito algo errado, não receber uma punição menor que o atleta que joga raramente. A transgressão às normas do time — hora de recolhimento, pontualidade, tolerância a bebidas alcoólicas — impõe medidas compatíveis, independentemente de qual seja a função do atleta no time. Isso é ser equânime. E lembre-se de que com a aplicação coerente das normas há ordem; a liderança incoerente leva à desordem. Isso vale tanto para o treinador ou capitão de um time quanto para o diretor-presidente de uma empresa ou chefe de família. Nessa mesma linha de pensamento, Sun-Tzu diz que as pessoas tratadas com favoritismo ou indulgência podem se tornar inúteis e impossíveis de ser comandadas.

LIDERAR COM AMOR

O *I Ching* deixa claro que os líderes têm que nutrir, apoiar e cuidar dos seus subordinados se quiserem que o grupo seja unido. Sun-Tzu sugere que os generais devem cuidar das massas da mesma maneira que se deve cuidar de um filho querido. Fazendo isso, eles têm mais probabilidade de ser vitoriosos nas suas ofensivas.

Mais uma vez eu vou buscar apoio na liderança de John Wooden, treinador da equipe masculina de basquete vencedora de dez campeonatos nacionais. Ele compara a função de treinador com a de pai ou mãe: sua arma mais poderosa é o amor. Ele acha que você precisa amar os seus atletas para conseguir extrair o máximo deles e confessa que o amor prevaleceu na sua carreira de treinador. Como eu já disse neste mesmo capítulo sobre liderança, quando indagado sobre a solidez do seu sucesso,

LIÇÕES DE LIDERANÇA CONSCIENTE

ele disse que isso era resultado do fato de ter colocado muito amor na sua atividade de treinador. Ele criticava e "pegava no pé" dos seus atletas, mas sempre acabava dando-lhes "um tapinha nas costas".

Outro grande treinador de basquete que dirige o seu time com muito amor é Phil Jackson, do Los Angeles Lakers. Como um bom pai ou uma boa mãe, ele impõe limites aos seus atletas, sem deixar de ser generoso com o seu afeto. Na sua firmeza, ele procura levar os atletas a desafiar os seus limites, sem que eles deixem de sentir o seu amor. Esse amor tem raízes no seu forte sentimento de compaixão, uma das virtudes dos campeões descritas no Capítulo 8.

Certa vez alguém me disse, e eu acredito ser verdade, que aos jogadores não importa realmente o que você sabe; a eles só interessa saber que você se importa com eles. Faça com que aqueles que você dirige, em qualquer área da vida, saibam quão profundamente você os ama e se importa com eles. Sentindo isso, eles irão percorrer a distância, ser leais e fazer o que lhes for solicitado.

Eu passo essa filosofia de liderança com amor a todos os treinadores, diretores executivos e outros líderes em todas as minhas palestras, seminários ou consultas sobre liderança. Eis o que eu lhes digo: acredito que o aspecto mais vital para uma liderança ser bem-sucedida esteja na qualidade da relação pessoal e do amor entre atletas e treinador, funcionários e chefe, filhos e pais. Quando você demonstra que realmente investe no sucesso deles, eles têm uma chance muito maior de realizar plenamente os seus potenciais. Quando você expressa sua crença neles, eles têm mais disposição para percorrer a distância, fazer tudo o que você solicita, assumir os devidos riscos e continuar lutando quando as coisas ficam difíceis. Como treinador esportivo, você precisa lembrar que ama os seus atletas e que é por isso que tem essa missão. Lembre-se disso quando perder as perspectivas. Os líderes campeões e os bons treinadores vêem aqueles que dirigem como indivíduos. Eles procuram saber das suas vidas fora do atletismo e do local de trabalho. E também se importam o bastante para desafiá-los a crescer e se desenvolver como pessoas. Líderes capazes e criativos recusam-se a deixar as coisas se diluírem e exigem mais porque se importam. Exigir mais deles exige mais de você e, em conseqüência disso, você cresce. Você tem que se recusar terminantemente a aceitar esforços pela metade. Se fizer isso, estará insultando aqueles que realmente valoriza e degradando sua integridade. Dê a eles tarefas difíceis, deixando claro que confia na sua capacidade de cumpri-las. Eles precisam saber que, se não conseguirem no início, você estará ali para ajudá-los a dominá-las. Esse é o verdadeiro significado do amor e do compromisso em uma relação consciente e criativa. Os líderes e treinadores realmente grandes que você conhece têm essa relação com os seus atletas, o seu grupo e sua família.

O CORAÇÃO HUMILDE

Guarde o jade e os tesouros secretos no fundo do coração. A postura do coração humilde atrairá bênçãos de todas as direções.

Tao Te Ching

O Tao encoraja intensamente a postura da humildade, de ser tudo o que lhe foi dado, mas agindo como se não tivesse recebido nada. Dessa maneira, você desvia a atenção para os outros, porém sentindo as bênçãos e elogios de todos. A um líder, a humildade provê a clareza necessária, enquanto a arrogância turva a visão. A humildade aumenta as suas capacidades ao expor as suas realizações. O treinador de basquete Marcus Perez, formado pela Universidade de West Point, demonstra essa humildade na sua liderança. Ele diz que, para ser um bom treinador, ele tem de

LIÇÕES DE LIDERANÇA CONSCIENTE

estar disposto a viver sem reconhecimento. Exercer a liderança, segundo Perez, tem menos a ver com ele do que com os seus liderados.

A prática esportiva é uma arena em que muitos desejam atenção e brilho com o crédito pelo sucesso. Muitos treinadores e atletas sentem essa necessidade de se autopromover e provar o seu valor próprio. Essa atitude de busca de atenção está muitas vezes baseada em sentimentos de insegurança. O que parece estar faltando é uma boa dose de humildade, a capacidade de se colocar de lado como líder e deixar que os outros vivam as honras do sucesso. Os líderes campeões entendem que essas conquistas são criadas mais pelo time do que pelo trabalho de um líder isolado. O líder humilde tem plena consciência da interdependência sinérgica de todos os envolvidos, quando todos têm uma meta comum, trabalham juntos para alcançá-la e aceitam a responsabilidade por todos os resultados.

Os líderes que têm uma necessidade exacerbada de autopromoção parecem negligenciar facilmente as necessidades de quem eles dirigem. Quando isso acontece, os jogadores do time podem se recusar a jogar ou dar o máximo de si pelo seu líder. Dar o crédito aos que você dirige ajuda-os a demonstrar níveis mais elevados de lealdade e respeito, pois eles se dispõem a sacrifícios e sofrimentos para seguir as orientações do seu líder.

Outra forma de demonstrar humildade é incentivar a contribuição valiosa daqueles que são liderados com respeito a normas, diretrizes e mesmo treinos. Muitos líderes temem a perda do controle quando solicitam essa participação e recorrem à imposição de regras, o que, paradoxalmente, cria deslealdade e desrespeito, que levam inevitavelmente à perda do controle. Dê aos atletas e empregados o direito de se pronunciar no time ou na organização; peça a opinião deles sobre a política a ser seguida. Com isso, eles se sentem muito importantes e se dispõem a trabalhar mais arduamente para manter as coisas nos eixos. É importante lembrar que a maior

A ARTE DA GUERRA NOS ESPORTES E NA VIDA

parte das sugestões propostas por eles costuma estar em concordância com os seus objetivos. Se não for assim, você detém o poder para rejeitar as sugestões ou fazer mudanças caso as coisas pareçam se complicar.

A pessoa humilde tem mais poder para alcançar as suas metas e ser bem-sucedida do que aquela que está sempre tentando provar a si mesma. Esteja ciente do que você não sabe e não suponha que você tem sempre a única ou a melhor solução; tenha antes abertura para adotar novas possibilidades de expandir os seus conhecimentos. Quando o sucesso chegar, reconheça as contribuições de todos os envolvidos. Seria impossível alcançar o sucesso sem o trabalho e o apoio dos seus funcionários, atletas, pais e admiradores, e eles tampouco poderiam ter contribuído sem a sua liderança e experiência.

Evidentemente que algumas pessoas são lideranças naturais, atraem a atenção e são celebridades pelos seus próprios méritos. No entanto, isso não exclui a possibilidade de a humildade emitir o seu próprio brilho. Os grandes que despertam tal atenção – Michael Jordan, Wayne Gretsky, Tiger Woods e outros – conseguem firmar-se nas suas raízes humildes. Mas como eu disse anteriormente, para ser humilde a pessoa precisa ter uma ligação forte consigo mesma e sentir-se segura interiormente.

ENSINAR PELO EXEMPLO

O líder abraça o Todo e torna-se o modelo para todos.

Deng Ming-Dao, *A Sabedoria do Tao*

Os símbolos chineses que representam o exemplo encorajam a pessoa a seguir os rastros deixados pelas rodas de um veículo que vai à frente, muito à maneira daqueles que abriram o caminho para você perfazer a jornada do campeão.

LIÇÕES DE LIDERANÇA CONSCIENTE

É simples, mas não tão fácil: como líder, seja para os outros exatamente o exemplo que gostaria que eles fossem para você. Por exemplo, muitos treinadores querem que os seus atletas irradiem calma em situações de pressão. Matt Dougherty conta como o seu mentor e treinador, Dean Smith, da Universidade da Carolina do Norte, soube dar o exemplo de calma em meio ao caos: "Foi durante o jogo contra Georgetown pelo campeonato nacional de 1982. Estávamos perdendo por um ponto e tínhamos 32 segundos para jogar quando o treinador pediu uma interrupção. Como treinador, ele estava fazendo uma das suas muitas tentativas de conquistar o seu primeiro título. Apesar da enorme pressão, ele falou com tanta calma em meio àquele caos que encaramos a quadra com uma atitude confiante. Foi então que um calouro chamado Michael Jordan fez a virada que venceu o jogo". Esse princípio, como a Regra de Ouro, reflete o ideal confuciano do "líder superior", que dá o exemplo de comportamento virtuoso.

É importante que os líderes, seja no atletismo ou em outras áreas de desempenho, bem como nos negócios e em casa, sigam as mesmas normas que a equipe quando necessário. Por exemplo, se você tem uma diretriz de tolerância zero com relação aos jogadores, você também tem que estar disposto a segui-la. Se espera que o seu time chegue na hora marcada, é melhor você não chegar atrasado. Se espera que eles estejam em boa forma, façam exercícios de levantamento de peso e corram, você deveria fazer o mesmo. Agrada-me ter um treinador ou líder participando dos exercícios do time. Quando trabalho com atletas, freqüentemente levo-os a correr por uma boa subida. Eu percebo que eles dão mais atenção aos recados que eu lhes transmito nas conversas de vestiário pelo exemplo que dou a eles. Eu gosto de ensinar e de exercer a minha liderança pelo exemplo. Esse tipo de participação pode aumentar em muito a sua credibilidade. Lembre-se de que o poder da sua influência começa em você e espalha-se ao redor.

189 |

A ARTE DA GUERRA NOS ESPORTES E NA VIDA

O espírito esportivo é uma atitude que se aprende. Esteja ciente de como os seus atos influenciam os outros. Por exemplo, xingar um árbitro ou um adversário, criticar os outros pelas costas ou insultar e tomar outras atitudes depreciativas em uma entrevista coletiva à imprensa, serão imitados pelos seus subordinados. Seja o exemplo vivo do que você pretende ensinar. Afinal, como líder na sua arena competitiva, não é o seu esporte ou projeto o veículo pelo qual os participantes aprendem as maiores e mais importantes lições de vida? O que você ensina e como você conduz o time, pelo uso de palavras injuriosas ou exaltando-se em público – colocando-se abaixo dos padrões que exige dos seus atletas?

LIÇÕES EM FORMA DE AFIRMAÇÕES

- Eu procuro encontrar as oportunidades para tratar aqueles que dirijo com respeito, compaixão e encorajamento.
- Eu dirijo os outros da mesma maneira que gostaria de ser dirigido.
- Eu procuro meios de guiar intervindo o mínimo possível.
- Ater-se à "microadministração" (*micromanagement*) interfere no processo criativo.
- Eu sou forte e seguro na mesma medida em que faço os outros se sentirem fortes e seguros.
- Mantenho-me aberto para ouvir as críticas e sugestões e, com isso, me tornar um líder mais eficiente.
- Seja firme e justo e os outros seguirão o seu exemplo.
- Eu permaneço humilde e dou crédito a quem ele é devido.
- Eu sempre incentivo a contribuição dos meus subordinados. Por isso, tenho seguidores fiéis, leais e respeitosos.
- Estou ciente do poder interior quando dou o exemplo d'O Caminho do Campeão.
- Se quero que os outros se comportem de determinada maneira, eu próprio tenho que ser o exemplo dessa maneira.

PERGUNTAS SOBRE A JORNADA:

- Que quatro atitudes eu quero que os outros aprendam e como posso ensinar cada uma delas pelo exemplo na minha prática diária?
- Que cinco qualidades eu considero cruciais para definir um grande líder?
- Que atos e atitudes eu posso demonstrar desde já na prática?
- De que maneiras eu posso colocar em prática a abordagem mais humilde do líder campeão?

EPÍLOGO

Confiar no Processo

O desenrolar do curso da vida é tão natural como o ir e vir das estações; tudo é exatamente como deve ser? – acredite!

Deng Ming-Dao, *A Sabedoria do Tao*

A sabedoria do Tao nos diz para confiar no curso do rio. O portentoso rio Mississippi corre lentamente às vezes, apenas para precipitar-se nos desfiladeiros. Você pode até achar que ele esteja mudando de direção em vários lugares, mas subitamente ele dá a volta, dirigindo-se para o seu destino, o Golfo do México, perfazendo um percurso total de 3.770 quilômetros. O Caminho do Campeão, como o rio, dá muitas reviravoltas, sofre muitos reveses, fracassos e perdas. Você passa por platôs, períodos de desaceleração e de paralisação para, em seguida, voltar a acelerar e avançar rapidamente. Há situações em que você acha que o seu curso está seguindo na direção contrária, mas, em seguida, o vê dar uma reviravolta e voltar ao seu curso normal. Todos esses movimentos fazem parte do progresso natural do seu processo evolutivo para se tornar campeão ou, como diz o Tao, do desenrolar dos eventos exatamente como devem ser. Apenas os campeões reconhecem, confiam e aceitam esse processo natural como ele é.

Ao cultivar flores, você nunca pensaria em remexer nas plantas assim que elas começassem milagrosamente a irromper do solo para que crescessem mais rapidamente; você confia no seu processo de crescimento natural. O progresso no caminho do campeão não é diferente; você tem de confiar no processo e observar o curso natural dos acontecimentos.

Recuse-se a permitir que os reveses, erros, platôs ou reviravoltas súbitas nos esportes ou na vida o desviem da sua missão ou o façam acreditar que não está progredindo. Saiba que o progresso e o avanço rápidos em todos os campos de desempenho são incomuns. A mudança e o progresso ocorrem na sua devida hora, não quando você acha que deveriam ocorrer. Quando o medo e a insegurança penetram no seu sistema nervoso, o entendimento desse processo natural irá ajudá-lo a ter compaixão e ser amável com você mesmo. Lembre-se de que na sua jornada de campeão os seus esforços e sua intuição são propositais e repletos de integridade. Procure sentir o prazer, a beleza e os benefícios da jornada, a própria experiência como algo que vale a pena por si só. Os campeões nacionais me ensinaram que percorrer a jornada é na verdade mais prazeroso e gratificante do que alcançar a meta.

Com essa nova disposição no coração e na mente, somada a sua natureza paciente e perseverante, como o rio com todos os seus contornos, voltas e mudanças de direção, você vai acabar encontrando o seu curso para o "mar" da sua grandeza pessoal, agindo como o campeão que é no momento presente.

A campeã olímpica Wilma Rudolph teve pólio quando criança; os médicos disseram que ela tinha poucas chances de voltar a andar sem um aparelho de sustentação. Mesmo tendo passado muitos dos seus primeiros anos de vida entrando e saindo de hospitais, suportando grandes reveses, medos e dúvidas, ela se recusou a acreditar nas opiniões dos especialistas e preferiu confiar nos seus próprios instintos. Wilma venceu a doença e prosseguiu, conquistando três medalhas de ouro olímpicas. Assim como ela, você é capaz de façanhas extraordinárias quando confia e acredita nesse processo de ser campeão.

E não deixe de acreditar na importância do riso alegre na sua jornada. Muitos bons atletas e empresários bem-sucedidos levam-se demasiadamente a sério; eles parecem não se divertir porque sofrem de demasiada ansiedade ou temem excessivamente a possibilidade da derrota ou de cometer erros. O bom humor ajuda a promover o bem-estar e o desempenho ideal. Confie em mim, não rir dos próprios fracassos tem um alto preço e leva a novos fracassos. Leva a tentativas de desempenho tenso e forçado. Não confunda humor e riso com falta de seriedade. Seja sério no seu propósito e preparação, mas ria do absurdo quando um revés, uma perda ou um fracasso o tomar de surpresa. O riso ajusta as suas lentes de percepção diante de todo e qualquer resultado.

Quero lembrar também que o progresso nesta jornada pode andar lentamente como o rio. Não há necessidade de entrar em pânico nem nada a temer. Continue confiante no Caminho do Campeão. Como eu já disse, os eventos e as circunstâncias da vida podem às vezes provocar muita tensão e stress quando contrariam as nossas expectativas de como deveriam ocorrer. Um campeão sabe que as coisas ocorrem como devem ocorrer, de acordo com o modo da natureza, o Caminho do Campeão, o Caminho do Curso d'Água.

As dicas abaixo são para ajudá-lo a confiar e ficar à vontade no processo da própria jornada. São fragmentos extraídos dos diferentes capítulos deste livro e apresentados aqui de maneira sucinta para servir de lembretes a "permanecer no curso". Todo mundo sai dos trilhos; a única diferença que existe entre os campeões e a maioria das pessoas é que eles, equipados com uma consciência e um conhecimento mais elevados, voltam aos trilhos mais rapidamente. Use as seguintes afirmações toda vez que se desviar do caminho:

- Jamais é necessário fazer algo extraordinário... seja simplesmente quem você é.

- Não tente dominar uma situação; simplesmente demonstre sua grandeza.

- A questão-chave está no "nós" – é possível ampliar os nossos limites valendo-nos do adversário?

- Tenha presença; mantenha-se em contato com sua verdadeira essência e deixe o seu espírito ocupar a arena.

- No entusiasmo de dar tudo de mim, eu esqueço as minhas dores.

- Os adversários olharão dentro dos meus olhos; o que eles verão pode determinar o resultado do jogo ou da reunião.

- O talento conta, mas o campeão sabe que o mais importante é empenhar o coração.

- Não tente combater o seu adversário; lute para defender os princípios e virtudes d'O Caminho do Campeão.

- Não fuja da derrota; corra em direção à vitória, fazendo todas as pequenas coisas que resultam nas grandes.

- Saiba distinguir o que pode do que não pode controlar; assuma o controle do que pode e abra mão de tudo o mais.

EPÍLOGO

- Não há necessidade de ser o melhor; seja apenas o melhor que você pode neste momento.

- Esqueça os resultados e concentre-se na oportunidade positiva que lhe foi dada.

- O arqueiro que atira por amor o faz com toda destreza; quando atira pelo ouro, o arqueiro fica cego.

- Que mensagem você quer passar para o seu adversário? O que você precisa fazer concretamente para ter a certeza de que ela foi recebida?

Nos esportes, assim como na vida, uma coisa é certa: MUDANÇAS ACONTECEM! Elas são inevitáveis, quer você goste ou não. Enquanto certas mudanças são palpáveis, como o desenvolvimento de habilidades ou de massa corporal, outras tendem a ser intangíveis, como as que ocorrem nos aspectos mental, emocional e espiritual do desempenho. Essas mudanças subjetivas que ocorrem no coração e na mente (*hsing* em chinês) me fazem lembrar do monge zen-budista que se aproxima de um vendedor de cachorro-quente e pede delicadamente: "Senhor, por favor, me dê um completo". O vendedor olha para ele com estranheza e começa a preparar o cachorro-quente com os diversos ingredientes. Ao receber o seu pedido, o monge entrega a ele uma nota de 20 dólares para pagar o sanduíche de dois dólares. O vendedor agradece e fica à espera de outro cliente. Depois de esperar pacientemente por alguns minutos, o monge finalmente pergunta ao vendedor: "E *my change?*" (aqui há um jogo de palavras, pois a palavra *change*, em inglês, serve para designar tanto "troco" como "mudança"). Ao que o homem responde: "Ah, sim, meu amigo... Como o senhor provavelmente sabe, 'a mudança vem de dentro'".

A ARTE DA GUERRA NOS ESPORTES E NA VIDA

E assim é com O Caminho do Campeão. A experiência de mudança que você terá nessa jornada virá de dentro e se irradiará para tudo ao seu redor. Essa busca, que ninguém pode empreender por você, é interior e repleta de sabedoria, totalmente individual e profundamente pessoal. Para Marcel Proust, importante e brilhante romancista francês do século passado (1871-1922), existem dois modos de aprender essa sabedoria: sem dor, com um mestre; e com dor, pela experiência; sendo esse último muito superior. Dito isso, eu não pretendo ensinar a você a sabedoria. Você terá que aprendê-la sozinho nesta jornada do campeão. Eu simplesmente ofereço a você este guia prático para ajudá-lo a seguir o curso ao navegar por essas águas inexploradas. Pratique essas lições consagradas pelos campeões, lições de força mental, liderança consciente e vitórias verdadeiras no seu esporte, sua profissão ou sua família. Que este livro possa encorajá-lo ao longo do "Caminho".

Aperte o cinto e prepare-se para viradas repletas de satisfação.

| 198

impressão acabamento
rua 1822 nº 347
04216-000 são paulo sp
T 55 11 6914 1922
F 55 11 6163 4275
www.loyola.com.br